LA AVENTURA QUE SOÑAMOS

Claudia Clavier

Ilustraciones por : Sarah Meyer

Dedicamos este libro a nuestros queridos hijos,

Clementina Sofía, José Enrique y José Ignacio

A Dios, que nos protege siempre

A nuestros padres, porque gracias a ellos somos lo que somos hoy

A nuestros familiares y amigos, viejos y nuevos, porque fueron compañía y refugio durante el viaje

A todos esos desconocidos, que ayudamos, que nos ayudaron en el camino, en los que vimos la cara de Dios y cambiaron nuestra vida para siempre

¡GRACIAS!

Tabla de Contenido

¡Hola! Mi nombre es Claudia y junto con mi esposo, José Enrique, y nuestros tres hijos, Clementina Sofía (Clemen), José Enrique Raúl (Kike) y José Ignacio (Nacho), emprendimos un viaje por el mundo en un lapso de un año. Juntos, en familia. Un maravilloso año deambulando, buscando paz, encontrándonos a nosotros mismos.

La decisión de emprender este viaje no fue fácil de tomar. Requirió contemplar muchos factores que nos impulsaron a tomar este camino que ha marcado un antes y un después en nuestras vidas.

En las próximas páginas te voy a contar nuestra historia, cómo fue nuestro proceso de decisión y nuestro tan soñado viaje; para con ello validar de manera tangible que realmente ocurrió algo que nos parecía tan irrealizable y, al mismo tiempo, que sirva de referencia para futuros vagabundos que decidan arriesgarse a vivir plenamente, así sea por un año de sus vidas.

Tú tendrás todos los factores a mano, así que debes estar preparado para que te cuente nuestros aciertos y también nuestras metidas de pata, lo bonito y lo desagradable, y si tienes algún proyecto en la mesa agarrando polvo no esperes más, no vale la pena, y al final de este libro verás porqué. Lo nuestro fue la suerte de atrevernos a soñar, sumado a la organización y al ejercicio de la virtud de la fe.

¿Quiénes éramos antes de partir?

Nuestra vida de familia de clase media común y corriente se desarrollaba en la ciudad de Caracas, Venezuela.

Es imposible describir Caracas y obviar sus mañanas brillantes y El Ávila, ese pulmón que nos arropa en los días buenos y en los retadores, que son muchos. Cuando vives en una gran ciudad, con una agenda llena de diligencias, transportes escolares, obligaciones de trabajo (el de la casa y el que te permite pagar las cuentas), y demás actividades que te hacen perder tiempo (el tráfico, las largas colas para comprar alimentos y las redes sociales hipnotizantes de las que nos enganchamos como para dormir ese sentimiento de ansiedad), poco tiempo, fuerzas y voluntad nos quedan en la noche, cuando todo se calma, para pasar tiempo de calidad con nuestros afectos, con esos seres tan importantes por los que luchamos todos los días… ¿No es irónico? Pasas todo el día luchando por ellos y al final, ¿nunca tienes tiempo suficiente para ellos?

Nos sorprendimos en esta contradicción cotidiana y llegamos a la conclusión de que algo no estaba bien en ese sistema en el que estábamos envueltos.

Mi día transcurría prácticamente entero en el carro, tratando de llegar a tiempo al colegio, a las prácticas de tenis de Clementina, a la práctica de fútbol de los varones, entregando los pedidos de mi emprendimiento de accesorios hechos a mano para niñas, buscando insumos para el trabajo y para la casa, en colas de todo tipo, metida en el tráfico, con calor. Al final del día todavía faltaba revisar las tareas, arreglar la casa, y tratar de tener algún momento en familia, los cinco juntos.

Por su parte, José Enrique lidiaba diariamente con allanamientos, decomisos y demás abusos por parte del gobierno; enfrentaba situaciones límite propias de un país envuelto en un sistema corrupto en el que cada vez se hacía más difícil trabajar sin entrar en zonas oscuras desde el punto de vista ético.

Eran contadas la veces que lográbamos sincronizar horarios para sentarnos a hablar, o para por lo menos tener alguna de las comidas juntos y conversar relajadamente de nuestro día.

Estábamos realmente desgastados, obstinados de que otros decidieran por nosotros, necesitábamos un cambio en la dinámica diaria para ser dueños de nuestro tiempo, y estar donde quisiéramos estar y con quien quisiéramos estar. Entonces comenzamos a pensar en qué podíamos hacer para lograr ese cambio.

A todo esto se sumó el fallecimiento de un ser querido, una persona muy importante que se fue muy rápido. Ese alguien era nada más y nada menos que mi abuelo. Mi abuelo y yo siempre tuvimos una conexión especial, lo sabía cuando nos mirábamos. Él me hacía reír, me decía siempre que estaba bonita y me regañaba para que fuera valiente.

—No llores, tú tienes que ser valiente –me decía con su mirada penetrante que llegaba directo a mi corazón, justo cuando me había caído de la bicicleta.

Un cáncer malvado se lo llevó. Despedirme de él, dejarlo ir y entender que ya no iba a estar más por estos lares fue una de las cosas más difíciles que he hecho en mi vida.

Cuando pasan estas cosas, nos ponemos a pensar sobre nuestra permanencia en la Tierra, y todo se pone en perspectiva: empezamos a ver con más detenimiento en qué carrizo estamos empleando nuestro tiempo. ¿Qué he estado haciendo hasta ahora? ¿Estoy dejando algún legado en este mundo? ¿Qué me falta por hacer? Eran preguntas que nos hacíamos recurrentemente.

Pero a estas alturas, todavía la idea del viaje parece un sueño descabellado, ¿no es cierto? Dejar todo para vivir la vida, sin preocuparnos por el dinero, por el trabajo, por nada, solo disfrutarnos, escucharnos, realmente estar presente el uno para el otro, y descubrir y aprender tantas cosas juntos, haciendo de la familia nuestra agenda principal.

Y sí, fue una locura maravillosa que gracias a Dios nos empeñamos en consentir.

En algún punto tiene que haber un quiebre para que comencemos a ver la luz… y ese fue el momento de quiebre para nosotros.

Claro, podría surgir la pregunta: ¿Porque no hacerlo en Venezuela, en el mismo sitio donde estábamos? Porque pensamos que era necesario un sacudón para cambiar la manera de hacer las cosas, no porque fuera mala, sino porque ya no funcionaba para nosotros.

«Si quieres obtener resultados distintos debes hacer las cosas de diferente manera».

Necesitábamos romper con la rutina de actividades diarias que ocupaban nuestra agenda, esa carrera de locos de la que hablaba líneas arriba, en la que nos vemos sometidos muchas veces en la cotidianidad de vivir en una gran ciudad. Tal vez hay personas que tienen un nivel de tolerancia mayor, todo depende de lo que se quiera en la vida. Yo pienso que nosotros simplemente perseguimos el sueño hasta convertirlo en realidad, ¿o es que no has pensado, cuando estás en medio del tráfico, en escapar a un sitio tranquilo y que la brisa pegue en su cara? Yo sé que sí.

¿Por qué hacerlo ahora? Sencillamente era el momento ideal de nuestras vidas: nuestros hijos estaban en edades apropiadas para recordar este viaje por el resto de sus vidas y eso nos emociona. Clementina tenía 10 años y en un par de años más, con la llegada de la adolescencia, no iba a estar tan entusiasmada de hacer este viaje con nosotros (ley de vida, no entremos en detalles). Kike y Nacho, de 7 y 6 años respectivamente, eran pequeños todavía, pero ya no usaban ni pañal ni coche de bebé, es decir, estaban lo suficientemente grandes como para aprovechar (y aguantar) las excursiones, caminatas, vuelos, aeropuertos y demás vaivenes y retos que un viaje como este trae consigo.

Así que, ¿cómo salimos de nuestra zona de confort? Teniendo fe en nosotros mismos, confiando en que podíamos y teniendo la convicción de que lo íbamos a lograr, sin dudar de nuestra capacidad. ¿Qué si fue fácil dar el paso? ¡No! ¡Fue aterrador! Pero nos dimos cuenta, justo después de dar el paso por cierto, de que el sentimiento es de liberación. Lo cierto es que somos humanos y es normal sentir miedo al principio, y sentirse vulnerable y débil; después de todo sabes que lo que viene por delante va a ser nuevo para ti. Pero al dar el paso y vencer todos nuestros miedos, como el miedo al fracaso, el miedo al qué dirán, la resistencia al cambio, el miedo a perder lo que tienes y lo que eres hasta ahora, el miedo a perderlo todo por un sueño –conste que todos los vivimos intensamente en este proceso de decisión–, luego de enfrentarlos cara a cara, todo fluye indeteniblemente hacia cumplir ese objetivo trazado.

Así pues, empezamos a despojarnos de nuestras vidas como las conocíamos hasta entonces en Caracas. Aún así, a medida que voy escribiendo, me voy dando cuenta de la magnitud de decisión que tomamos.

¡Qué arriesgados fuimos! ¡Qué locos! ¡Qué valientes!

José Enrique puso la renuncia a su trabajo. Recuerdo el día que eso pasó, el vacío en el estómago que sentí yo, y me imagino el susto que debe haber sentido él, mi valiente caballero, que guindó sus trajes de oficina para vestirse de explorador en esta aventura.

José Enrique comunicó la noticia sereno, convencido; el *staff* no lo podía creer, pero luego de digerir la novedad, en el discurso de despedida, le dijeron que estaba haciendo lo que cada uno de ellos quería realmente hacer y no se atrevía. Una persona de su trabajo, un directivo exitoso mayor de 70 años, al enterarse de la noticia estrafalaria del ejecutivo que se volvió loco y renunció por un sueño, pidió verlo en persona. Al escuchar de boca de José Enrique el plan, se paró, le dio la mano con un gesto de profunda admiración y le dijo:

—Yo siempre quise hacer un viaje por el mundo como el que estas apunto de emprender, pero las obligaciones laborales no me dejaron, y ahora que estoy más desocupado no lo puedo hacer porque ya estoy viejo y no soportaría los embates del viaje.

La primera de varias señales que nos indicaron que estábamos en el camino correcto.

José Enrique es una persona ecuánime, correcta, realista, conservadora, de profesión abogado, con años de trayectoria exitosa en el ejercicio de su profesión, con una fascinación irremediable por sus hijos y un corazón ocupado por una sola palabra: familia… bueno, también, deporte. Pero tuvimos la suerte de estar de acuerdo en emprender esta aventura y pusimos un paréntesis en nuestros trabajos, sustentados en una tabla de Excel con una proyección rudimentaria de los gastos que podíamos tener durante un año e viaje en comida, alojamientos, translados, seguro, y que Dios nos bendiga.

Debo confesar que esta faceta arriesgada de José Enrique me sorprendió y me encantó. No traté de buscar motivos que explicaran tal cambio, simplemente me contenté con que siguiera mi esencia y que se pareciera un poco más a mi ahora.

Yo soy administradora de empresas, dueña de una pequeña marca de accesorios infantiles a la que le tengo mucho cariño; la creé, le di un nombre, y hasta que decidimos emprender esta aventura me mantenía felizmente muy ocupada. En lo primero que pensé cuando José Enrique me planteó hacer el viaje fue en mi taller, mi oficina, mi desorden, mi rincón, mi centro de operaciones... Ya no iba a tener mi válvula de escape al caos diario.

Me defino como una persona soñadora, optimista, arriesgada y un poco despistada, por eso este viaje estaba escrito en mi destino, porque siempre me gustaron las cosas fuera de lo común y esto es totalmente original.

Luego de pensar en todo lo que nuestros hijos iban a aprender y disfrutar en este viaje, y nosotros con ellos, decretamos que nada nos iba a parar hasta lograrlo. Nuestra voluntad fue definitoria para encontrar el éxito en nuestros objetivos. Creímos en nuestro proyecto, y desde ese momento nada ni nadie nos iba a convencer de desistir, y esto incluía a nuestra familia extendida, amigos más allegados, exjefes, excompañeros de trabajo. Toda esa ola de comentarios que iban a venir en contra no nos iba a afectar. Y así fue: hubo un silencio cuando les dimos la noticia a nuestros padres, y luego preguntas cual ametralladora automática.

—¡Ah! Y... ¿de qué van a vivir? ¿Y el colegio de los niños? ¿Y dónde van a vivir? ¿Lo pensaron bien?- Dijo mi mama haciendo un gesto en el brazo a mi papá para corroborar si estaba escuchando la misma barbaridad que sus oídos recibían.

Creo que nuestras respuestas no los dejaron más tranquilos, al contrario, pienso que para sus adentros se dijeron que se nos había ido de las manos esta situación.

Estas preguntas inocentes que vienen del amor más puro pueden hacer que se caiga un viaje, un proyecto, un matrimonio, ¡una catedral!

Por eso, cuando comunicamos la decisión ya estaba tomada y pensada, y nada ni nadie podía cambiar nuestro rumbo.

Sin embargo, todas estas reacciones son normales. En nuestra sociedad no nos enseñan a salir de la zona de confort, nos dicen que soñar es malo, que hay que trabajar en cosas concretas y tangibles, y los soñadores son vistos como personas poco aterrizadas, que están allá arriba, en la nebulosa. Cuando resulta que si uno no sueña, ¿cómo prepara el futuro proyecto a cumplir? Primero hay que soñar y después creer en uno mismo para hacer ese sueño realidad, así de simple.

Salir de la zona de confort no es fácil, estás cómodo, la silla está tibia, sabes cómo hacer las cosas y hasta conoces los posibles baches que te puedes encontrar en el camino. Es completamente normal sentirse inseguro. Incluso recuerdo haberle dicho en un principio (los primeros cinco minutos) a José Enrique que no, que yo no podía dejar todo e irme así como así. Menos mal que recapacité y el tiempo nos ha dado la razón en que esta ha sido la mejor idea que hemos tenido. Una idea que ha cambiado nuestras vidas para siempre.

También tomamos la decisión de ser profesores de nuestros hijos por un año, y ese fue uno de los mayores retos del viaje. ¡Dios sabe que le he pedido paciencia para cumplir este objetivo tantas veces! Fue difícil, y sigo pensando que somos muy arriesgados, pero cuando hay voluntad y fe en Dios y en uno mismo todo se puede.

Una masa de algodón toma forma

Con la decisión ya tomada, nos preparamos para empacar nuestras pertenencias más preciadas para lograr un equipaje reducido para un año de travesía. Agarramos nuestros ahorros de toda la vida y empezamos a preparar un viaje a sitios que José Enrique y yo siempre habíamos querido ir, lugares o actividades que nuestros hijos habían deseado hacer, y así, de alguna manera, le fuimos dando forma a esta masa de algodón de sueños para convertirla en un proyecto (que así suena más serio).

De estructura solo iba a tener una línea de tiempo flexible, que pudiéramos alargar o acortar, agregar pausas o atajos si decidíamos hacerlo, pero con seguridad inolvidable para cada uno de los cinco involucrados.

Así, la magia de un proyecto entre manos se empezó a ver en nuestros ojos.

Nos arriesgaríamos a vivir en sitios diferentes a los que estamos acostumbrados, probar comidas distintas, conocer personas y otras culturas, abriríamos nuestra mente, ayudaríamos al necesitado, arreglaríamos esas tuercas sueltas en nuestra relación familiar, nos diríamos mucho que nos queremos, conoceríamos la nieve y la Torre Eiffel.

Tomamos esta decisión con un espíritu aventurero, con una perspectiva humana y espiritual de vivir el momento, así que estaríamos aquí y ahora, el uno para el otro; una aventura única que marcaría nuestras vidas definitivamente.

Por todo ello, con este libro pretendemos que, al menos, si no viajas físicamente, viajes con tus pensamientos a un lugar más tranquilo y más sencillo, donde menos es más, donde nos escuchamos los unos a los otros y nos decimos a la cara lo que sentimos, aunque a veces no nos guste escucharlo, porque la vida pasa una sola vez y tenemos que aprovechar el tiempo, no para apurarnos sino para bajar la velocidad de nuestra vida, ¡y vivirla!

¿Nos acompañas? La agenda es la famili

II

Antes del viaje

Junio 2016

Nosotros no nos considerábamos una familia viajera. Por lo general íbamos de vacaciones 15 días al año a la playa, o visitábamos a un familiar en el exterior cuando teníamos oportunidad. Así que para nosotros un viaje de esta envergadura era un gran paso, con toda la emoción y toda la incertidumbre que traen los cambios.

Al principio empecé a dar vueltas en círculo como quien no sabe por dónde empezar, y después nos organizamos. A mí me tocó todo lo relacionado con boletos y estadías, lo cual suena fácil pero hay muchas cosas que tomar en consideración cuando tienes un presupuesto limitado y exigencias de familia como que el sitio debe tener cocina y lavadora para ahorrar en comida y sobrevivir con unas pocas prendas de vestir para todo un año de viaje. A José Enrique le tocó arreglar todo en Caracas para dejarlo a buen resguardo, guardar nuestros recuerdos, y desprendernos de lo material. Y a los niñitos les tocó guardar el secreto mientras terminábamos de madurar la idea del viaje. Los quisimos involucrar desde el principio; después de todo, ellos son parte fundamental de este viaje, y nos quedamos impresionados de lo bien que lo supieron hacer, sobretodo Nacho, el más pequeño. Esto fue motivo de risas, complicidad, secretos compartidos y una alegría anticipada que vamos a recordar el resto de nuestras vidas. Por eso hemos dejado registro de todas las vivencias, porque precisamente Nacho es el que menos se va a acordar, por su edad, de este fabuloso viaje, aunque le va a quedar esa maravillosa sensación de formar parte de un plan secreto con su familia, los secreteos entre hermanos, las picadas de ojo entre él y su papá, y lo que nos unió este proyecto de vida.

¡Manos a la obra!

Una vez definidos los roles de cada quien, entré en contacto con una agencia para comprar los pasajes aéreos del viaje. Los destinos que elegimos fueron ciudades que nos llamaban la atención por su atractivo turístico, su estilo de vida, donde pudiéramos experimentar cosas que no habíamos tenido en Venezuela, como tomar un tren. Pero si decides emprender una aventura similar, probablemente elegirás un itinerario diferente, según tus gustos, posibilidades y necesidades. Cada familia es diferente, lo mágico de esto es que se trata de ustedes y de nadie más.

Sueño *vs.* Realidad

Pero no todo es color de rosas, el tema presupuestario es importante y fue definitorio en nuestro caso, porque cuando sueñas todo es posible, pero al convertirlo en realidad todo suele cambiar. Al principio nos imaginábamos dando la vuelta al mundo. Asia, Australia, Sur África, eran destinos que sonaban, pero al momento de comprar los pasajes se fue ajustando el recorrido aunque con la misma duración de poco más de un año, porque en ese entonces consideramos que era suficiente tiempo para lograr nuestros objetivos. Y digo en aquel entonces, porque ahora, luego de culminado el plan inicial, nos hemos dado cuenta de que quisiéramos que no hubiera pasado tan rápido, y quizás habernos quedado un poco más en alguno que otro sitio. Pero, de nuevo, destinamos nuestros ahorros para este sueño y había que poner un límite.

¡A sacar las maletas!

Se acercaba la fecha y era hora de sacar las maletas. ¡Esto no está nada fácil! En serio, ¡sálvese quien pueda!

Cuando empezamos a diseñar el itinerario del viaje el plan era estar todo el año en verano, así tendríamos una maleta ligera con trajes de baño y vestidos vaporosos. Visitaríamos todos los continentes, pero al tener que ajustarlo y acortar destinos, aunque el mismo año y los mismos objetivos, no nos liberábamos de las cuatro estaciones y de sus abrigos mullidos y demás accesorios.

Este «pequeño» cambio de planes hizo, obviamente, un poco más complicado el tema del equipaje. Pero con el espíritu de ver el lado positivo a todo, nos dimos cuenta de que les mostraríamos la nieve a los niñitos, que no la conocían.

Parte del proceso de hacer la maleta fue limpiar el closet de ropa que no íbamos a usar en el próximo año (o que tenemos olvidada desde hace años y no vamos a volver a usar nunca). Debo decir que fue liberador deshacerme de la ropa y ver el closet aireado, libre, hasta más limpio; sin contar la alegría de ver cómo otras personas pueden aprovechar y hacerse de estas prendas que les donamos. Y conste que suelo hacer esta limpieza con frecuencia, pero algo más superficial, porque sabemos sinceramente que uno se apega a las cosas.

Así que empecé por lo más fácil: la ropa de los niños. Por aquello de que pierden la ropa tan rápido por su crecimiento, suelo hacer limpieza en el closet de ellos muchas veces. Me deshice de mucha ropa, donamos juguetes, y hablé con cada uno de los niños para que eligieran un solo juguete para llevar al viaje. Clemen decidió rápido. Eligió a «Pupol», un pulpo de peluche de grandes proporciones con la tela desgastada y con remiendos a más no poder. Este personaje la ha acompañado desde que nació, se lo regaló mi amiga Johanna cuando la fue a conocer a la clínica; en ese entonces doblaba el tamaño de Clemen, y desde ese entonces ha sido fiel compañero en sus noches de miedo a la oscuridad, en los castigos de «vete a tu cuarto a pensar y no salgas hasta que te diga»; entonces también se merecía viajar a conocer nuevos sitios y vivir momentos felices.

Clemen es una niña dulce, madura, soñadora como yo, aguda en sus apreciaciones como su papá. Ella te quiere sin decírtelo, pero te está queriendo con sus acciones, cuando tú no miras,   y te acompaña sin exigirte nada; es la persona más generosa que conozco. Es increíble lo que ha crecido por dentro y por fuera con esta experiencia.

Para Kike también fue fácil elegir un juguete, porque por su personalidad inquieta nunca se ha entretenido mucho con ellos; entonces su opción inequívoca fue el balón de fútbol. Kike respira fútbol, estoy segura de qué es lo que piensa la mayor parte de su día.

Kike tiene una necesidad imperiosa de ser el perfecto, el que más me quiere y el que su papá más admira, creo que son síntomas típicos del «hermano sánduich». Pero su mejor cualidad es su inteligencia, su mente es capaz de hacer cálculos a velocidad del rayo y tiene una habilidad como pocos para expresar sus sentimientos de la manera y en el momento indicado, ¡eso es inteligencia!

Nacho tardó un poco más en decidir. Le gustan las figuras de acción, los dinosaurios, los juegos de armar, pero tenía que ser algo práctico, que no ocupara mucho espacio. Entonces entre los dos elegimos un dinosaurio. Los demás juguetes que quedaron en la casa estuvieron haciendo una fiesta al mejor estilo *Toy Story* mientras sus dueños no estuvieron.

Nacho es mi bebé, mi ternurita. Él lo sabe y esa es mi perdición. Le gusta bailar y cantar, pero no en público; es el amigo que todos quieren tener porque es fiel y se adapta a todo; como diría mi abuelita: «es colcha y cobija».

Luego llegó la parte difícil del equipaje: mi closet y el de José Enrique. Por qué será que nos apegamos a esa prenda que nos hizo brillar alguna vez, a esos *jeans*, a esa franela que nos queda tan cómoda aunque tenga un microscópico hueco en el borde inferior; probablemente sea porque se nos ofrece usarla otra vez, y con el pasar del tiempo nos vamos acostumbrando a verla allí en espera de que la agarremos, y a veces lo hacemos, pero, ¿realmente la necesitamos? Nos descubrimos aferrados a ciertas prendas, pero tuvimos que hacer un esfuerzo y pensar con criterio de escasez. Cuando pensamos así, optamos por lo que realmente necesitamos y priorizamos en virtud de conseguir el objetivo. Por ejemplo, en nuestro caso, que tendríamos una sola maleta por cada uno para un año, no valían los *trousseaux* o ajuares, pues tienes que llevar lo justo y valerte de piezas que sean multifuncionales, de colores neutros, prendas intercambiables, zapatos de goma cómodos, pensando que todo pueda servir para varias cosas. Igual fue todo un reto, porque, ¿cómo combinar guantes de invierno con un traje de baño y un *short*?

Lo bueno es que en este viaje no teníamos que impresionar a nadie, ni íbamos a pasar mucho tiempo en ningún lado, ni relacionarnos con el mismo grupo de personas, así que podíamos repetir la prenda favorita incansablemente y convertirla en nuestro uniforme de viaje.

Comencé por hacer un primer intento de maleta en la que incluí ropa interior para dos semanas, tres pijamas, un *jean*, dos pantalones más y un montón de ropa que formó una montaña en mi cama. No podía procesar un año de viaje que cupiera en una maleta. Pero prioricé y reduje las cantidades de cada pieza y poco a poco le fui dando forma al equipaje que nos acompañó todo el año.

Aún no habíamos salido y ya empezábamos a ver cómo se volvía más sencilla nuestra vida, y felizmente fuimos aprendiendo a desprendernos de las cosas materiales.

«No es lo que lleves puesto, sino a dónde te lleva».

Ahora, luego de nuestra experiencia, me siento en capacidad de describir lo que deben meter en una maleta para el *gap year* o año de viaje en familia (incluye las cuatro estaciones y es el kit para cada viajero).

7-9 pares de ropa interior.

7-9 pares de medias (unas medias *panty* de invierno para niña).

3 pijamas.

4 franelas manga corta.

2 franelas manga larga.

2 vestidos de verano (en invierno los usamos con una franela manga larga por debajo y medias *pantys*, *et voila!*).

2 camisas manga larga para varones.

1 camisa manga larga para niñas.

2 *jeans* (puede ser uno clásico azul y otro negro o blanco).

2 pantalones de corduroy o kaki para varones.

2 *leggins* para niñas.

3 *shorts*.

2 suéteres gruesos.

2 suéteres más ligeros.

1 abrigo de invierno.

1 par de guantes

1 bufanda.

1 gorro de lana.

1 chaqueta ligera e impermeable.

2 trajes de baño.

2 *rashguards*.

Zapatos: un par de sandalias (*flipflops*), un par de zapatos deportivos de goma, un par de botas que sirvan para caminar en nieve, un par de zapatos de goma de vestir (azul o marrón), y un par de zapatos bajos para usar sin medias.

Todo esto va en la maleta, junto con los cosméticos y artículos de cuidado personal.

Ahora, en los *carry-on* o *backpacks* de los niños:

No lleven ni un libro. Hoy en día se pueden descargar libros completos en un iPad. (Yo cometí el error de llevarles libros de estudio (*homeschooling*) y los usaron muy poco).

1 cuaderno de rayas.

1 cuaderno cuadriculado.

1 cartuchera para los tres con colores, lápices, sacapuntas y borrador. ¡A compartir!

1 juguete pequeño o peluche.

1 cambio de ropa.

1 *snack* (galleta de soda, galleta dulce).

Agua.

¡Listo! Ya pueden empezar a planear su aventura. (¡Ya me hubiera gustado a mí encontrar una lista así antes del viaje!).

La despedida

Ahora viene la parte difícil del «despegue»: los afectos, nuestros familiares, amigos y sentimientos que se quedan. Hay que agarrar camino antes de salir para despedir a los afectos.

Salimos un sábado temprano, camino a mi tierra natal. He tenido la oportunidad de vivir en varias ciudades de Venezuela, y aunque soy de Valencia, viví en Maracaibo, en Puerto Ordaz y he vivido en Caracas los últimos 16 años. José Enrique es caraqueño y también conoce bastante bien su tierra, así que sabemos del gentilicio de varias regiones de nuestro querido país, y aunque uno se vaya por unos días, extraña cada rincón conocido: los quesos zulianos, El Ávila, por supuesto, la familia, nuestra gente amable a toda costa, así las cosas estén difíciles. Por eso teníamos que tocar base en nuestro terruño, para cargarnos de energía antes de despegar. Pero esta oportunidad de oro que tuvimos de conocer nuevas culturas, nos ha permitido contrastar nuestra realidad y valorarla mucho más, acentuar nuestro arraigo y también nos ha permitido llevar buenas noticias venezolanas a todos los sitios donde vamos, compartiendo nuestras costumbres, nuestra sazón, nuestra manera de ser. Fue un intercambio cultural más bien, donde aprendemos y también enseñamos.

Y así seguimos cerrando ciclos. Por mi parte con mi taller. Aquellos días buenos y días no tan buenos, pero míos, quedaban contenidos en un «ya vengo». Esas paredes que fueron cómplices de los triunfos y fracasos, las carreras para tener a tiempo los pedidos, discusiones con proveedores y demás vaivenes de un negocio que ha ido creciendo con mucho esfuerzo y amor por el *handmade*, se plegaron ante una prioridad: la familia. Por su parte José Enrique también estaba cerrando un ciclo, dejando el mundo corporativo, lo que sabe hacer, para abrirse camino y explorar nuevos espacios; por eso lo admiro inmensamente, por tener la capacidad de análisis para identificar el *momentum* de nuestra familia y tener el coraje de aventurarse conmigo.

Conforme pasan los días, el corazón se va acelerando…

Diligencias, citas médicas, festivas despedidas familiares.

Amistades augurando los mejores deseos en nuestro viaje.

Mucha expectativa de parte y parte.

Algunas caras raras viéndonos como si estuviéramos locos.

No entienden.

No saben lo que viene.

No pueden procesar este nivel de felicidad que tenemos –pienso yo–.

Y el corazón al ritmo del reloj nos indicaba que ya se acercaba el momento de despegar.

Mariposas en el estómago.

Seguíamos preparando el viaje de la vida.

Paciencia, que ya llega el momento, paciencia, paciencia. Es difícil esperar cuando ya tu alma está entregada a ese momento que viene y no termina de llegar.

Paciencia.

Fue increíble ver cómo se nos acercaron conocidos a decirnos lo valientes que éramos por tomar esta decisión; nos seguían contando anécdotas sobre viajes postergados y promesas incumplidas por culpa de «otras prioridades».

* * *

Entre diligencia y diligencia, llevamos a Nacho a revisar sus piernas con el médico ortopedista. Cuando tenía un año y empezó a caminar, nos dimos cuenta de que Nacho tenía las piernitas un poco arqueadas; tenía un genu varo importante, que le hemos ido observando y tratando con zapatos ortopédicos, aparatos y consultas anuales. En la consulta de ese año, luego de hacerle rayos X, el médico nos informó que debíamos operar. Sus piernas no habían mejorado y si no se operaba, sus articulaciones comenzarían a sufrir a nivel de la rodilla. Tuvimos que someterlo a cirugía en cuestión de dos semanas.

La operación fue bastante sencilla, salió todo bien, gracias a Dios. El tema ahora era el postoperatorio y que Nacho pudiera recuperarse bien y tener movilidad para afrontar el viaje. Tenía dos incisiones con puntos en cada rodilla, es decir, cuatro heridas. Él no entendía nada, decía:

—¿Por qué me pasa esto a mí? –cual señor que ha vivido.

Con el corazón en dos, tratábamos de explicarle que esta operación era para mejorar su calidad de vida.

Él habrá dicho:

—Pero si yo me sentía tan bien, corría, saltaba y brincaba, ¿porque me hacen esto y ahora tengo estas heridas que me duelen y no me dejan moverme bien?

Las siguientes semanas transcurrieron enfocadas en la recuperación de Nacho. Al principio, cuidándolo como a un recién nacido, ayudándolo a ir al baño, porque no caminaba. Al cabo de dos semanas, empezó a caminar como cangrejo, de lado, para no flexionar las rodillas, y entonces hubo que hacerle fisioterapia para descontracturar sus rótulas y conseguir que empezara a flexionar las rodillas. Sin embargo, la pierna derecha no se recuperó tan rápido como la izquierda.

Lo que nos temíamos sucedió: llegó el día del viaje y «Pata de palo Zambrano», como le decíamos a manera de broma a nuestro Nacho, tuvo que emprender viaje con una carga de sesiones de terapia por hacer y nuestra mirada protectora y vigilante; pero yo siempre he dicho que Dios manda las cosas a quienes las pueden soportar, y si alguien tiene personalidad a sus cortos 6 años para soportar las miradas escrupulosas de la gente imprudente, los avatares de un postoperatorio doloroso con madurez, y salir al paso contra cualquier pronóstico, ese es Nacho. Él tiene mucho don de gente, cae bien; en una expresión: tiene ese *je ne sais quoi*, ese carisma que encanta, y a la vez una madurez y fuerza de carácter increíbles.

* * *

A una semana de nuestra partida nos encontrábamos con el nivel de emoción desbordado, y esas emociones las somatizamos con dolores de estómago y diarreas nerviosas (qué desagradable; tan poético que venía todo, pero fue así). Yo no pegaba ojo en la noche, y José Enrique, Clemen y Kike estuvieron muy delicados del estómago.

Pero un 15 de julio de 2016 caminamos por el piso del Aeropuerto Internacional Simón Bolívar (en Maiquetía), obra de arte del maestro Carlos Cruz Diez. Nos fueron a despedir nuestros padres y la escena se convirtió en la típica estampa de la historia contemporánea de Venezuela: caminamos rodando nuestras maletas llenas de expectativas, emocionados por encontrar cosas nuevas que nos hicieran crecer como familia. En nuestras pupilas enjugadas de lágrimas llevábamos reflejado el tricolor con sus siete estrellas, bandera de este país que nos vio crecer y al que le debemos lo que somos, y al que volveremos en familia, algún día, luego de esta aventura sin agenda.

Welcome to Miami! Nos recibe el aeropuerto, con sus filas perfectas y su olor particular. Sus pasillos interminables pero que recorremos con júbilo, con miradas de complicidad entre nosotros, como quien desfila en una carroza saludando a la multitud que nos aclama. ¿Esto es un sueño o de verdad estamos aquí? ¡Habíamos comenzado nuestra aventura y no podíamos estar más felices!

Para nosotros este es el lugar feliz adonde mis hijos sueñan ir siempre. No por Mickey o por Walmart, sino porque ahí viven sus primos. Si sus primos vivieran en Beirut o en Irlanda pues esos serían el lugar feliz.

Gracias a la diáspora venezolana nuestra familia extendida se encuentra distribuida por todo el mundo. Se ha anulado la posibilidad de tener recuerdos con primos; decir «¿te acuerdas cuando tumbábamos mangos en casa de la abuela?» se ha vuelto extraño. Los recuerdos de nuestros hijos están destinados a ser «¿te acuerdas cuando hacíamos Facetime por una hora y me enseñabas tus juguetes?». No sé si somos unos románticos, pero nos negamos a que nuestros hijos tengan estos *cyber* recuerdos, queremos que tengan recuerdos reales, donde se ensucien las rodillas, monten bicicleta juntos, jueguen al cuarto oscuro, conozcan ese guiño que hace el primo cuando comete una tremendura; de eso tambien se trataba el viaje, de enseñarle a nuestros hijos que no hay nada mejor que la familia, y de que hay que hacer todos los esfuerzos por juntarnos; de ir a sitios y tocar y ser tocados por personas de carne y hueso. Por Dios, ¡de esto se trata la vida!

Al verlos, siempre es como si el tiempo no hubiera pasado entre este y el anterior encuentro. Kike es el primero en romper el silencio después del saludo, siempre busca la forma de llamar la atención de Santiago, su primo mayor. María Clara y Clemen suben corriendo a maquillarse, a bailar; e Isabella, la nueva prima que conocimos y se robó el corazón del tío José Enrique, trata, a sus cortos 3 años, de emparejarse a esta alegre pandillita. Nosotros, extasiados viendo que nuestro sueño de unos primos reales se cumple, nos vemos y decimos: «¡lo logramos!».

Los siguientes días fueron bastante movidos: diligencias de bancos, mercado, la mitad de la tropa seguía enferma y todavía hubo «accidentes estomacales» en los dos primeros días de esta aventura que apenas comenzaba, pero no eran impedimento para disfrutar de la experiencia. Clementina se quedó a dormir un par de veces con su prima María Clara y estaba fascinada.

Con el ímpetu de los primeros días, ya instalados en nuestro primer hotel de muchos que vendrían, una modesta habitación familiar de un solo ambiente con desayuno incluido, a pocos minutos de la casa de los primos, nos dispusimos a disfrutar de nuestra nueva condición de familia viajera, aunque en realidad nos sentíamos simplemente de vacaciones. Aprovechamos para hacer cosas que no podíamos hacer en nuestro país, como hacer *jogging* por la calle, montar bicicleta sin miedo a ser asaltados, ir al mercado y encontrar variedad y calidad en los alimentos. En serio, ir al mercado era un súper plan para nosotros.

Los *Miami days* se fueron en un suspiro: las distancias son muy largas y las actividades que hacer muchas. Aprovechamos para ir a la playa y a la piscina lo más que pudimos. En verano las playas públicas están muy bien equipadas con baños, cambiadores, duchas para quitarse la arena, también tienen pequeñas fuentes para que los niños se refresquen en los casi 35°C que arropan por estos lados. Fuimos a la playa de Fort Lauderdale by The Sea, pero hay muchas igual de buenas.

Para nuestros paseos, siempre llevábamos una merienda, por aquello de que comer en la calle podía salirse de nuestro presupuesto. La merienda incluye siempre agua, sánduches, papas fritas, fruta y, si había suerte o alguna oferta, un dulce. Al principio fue duro comprender que no puedes comprar nada de más, aunque tiene sus ventajas el estar viviendo de una maleta y no poder meter ni un alfiler de más ni tener casa donde dejar lo que compres. Toda tu vida la llevas contigo, a todas partes, todo el tiempo.

Hablando de maletas, comenzamos a empacar para nuestro próximo destino. Estábamos arreglándonos para salir en el reducido espacio de la habitación de hotel, y le dije a José Enrique de manera sugerente, luego de 11 días sin ningún momento de intimidad:

—Nuestro próximo nido va a ser un apartamento con ambientes separados.

A lo que él me respondió con una subida de ceja y una sonrisa de lado que confirmaba que mi mensaje fue recibido satisfactoriamente.

En este viaje desarrollamos la telepatía íntima a otro nivel, aprovechando los espacios de pareja al máximo. Contrario a lo que muchos puedan pensar, el hecho de estar todos juntos todo el tiempo, lejos de apagar el deseo sexual, nos hizo valorar los pocos momentos que teníamos solos, y anticipar el momento le dio una chispa adicional.

Así, con todo listo para saltar el charco, apareció el próximo destino: el viejo continente. *Can't wait!*

IV
Un salto al futuro en el pasado

Agosto 2016

Hace 12 años, cuando nos casamos, decidimos irnos a vivir a Madrid. José Enrique hizo un postgrado en leyes y vivimos un poco más de un año de luna de miel. Madrid nos acogió divinamente, nos adaptamos al estilo de vida europeo con facilidad, a pesar de ser muy diferente al confort americano al que estábamos acostumbrados. Así que para nosotros, volver a Madrid era como sentirnos en casa, sus olores familiares, caminar sus aceras anchas, las mismas que caminamos recién casados. ¡Ah! Y el parque del Buen Retiro que es muy especial para nosotros.

Nuestro vuelo llegó a tiempo a Barajas. Nos disponíamos a hacer una parada corta, pernoctar una noche en un piso que alquilamos cerca del parque El Retiro, para volar al día siguiente a Londres y comenzar nuestro recorrido europeo por esa ciudad.

¡El *jet lag* fue devastador! Nacho vomitó el alma en el aeropuerto. Tomamos el metro desde Barajas con todas las maletas encima y por fin, luego de jalar las maletas por las calles empedradras de Madrid, llegamos a nuestro nido por un día. Toqué el timbre pero nadie respondió y no teníamos cómo llamar porque nuestros celulares eran los de Venezuela, así que nos tocó pescar una señal de Wi-Fi para llamar al arrendador. Luego de caminar una cuadra arriba para ver si caía algún tipo de conexión, por fin la conseguí como por algún tipo de iluminación divina, para ganarme el primer disgusto del viaje. El arrendador me comunicó que el apartamento estaba ocupado por los antiguos inquilinos, quienes habían decidido extender su estadía.

Y así nada más, sin previo aviso, estábamos con cinco maletas, cinco *carry on* y un bolso de raquetas y pelotas de fútbol en la calle de Menorca, en el barrio de Salamanca de Madrid, con una rabia, una impotencia y un cansancio inexplicables, pero más que nada, apenada con mis hijos, que desde el comienzo estaban empezando a ver que este viaje se venía con muchos retos y pruebas por superar.

No se hicieron esperar los reclamos entre nosotros.

—Es que has debido reconfirmar –me dijo José Enrique.

En medio del cansancio no alcancé a responderle, solamente los dejé allí, cual vagabundos tirados en la calle, compré agua, se las dejé y les dije:

—Ya vengo.

Caminé y caminé algo más de cuatro cuadras buscando un hotel bueno, bonito y barato. Y solo pensaba, con terror, en que apenas comenzaba esta aventura y en cómo pudo pasarme este descuido a mí, yo era la responsable, yo me había encargado de las reservaciones.

El sol parecía ensañarse conmigo, la ropa me picaba y al entrar en un hotel, el quinto en mi búsqueda *express*, el aire acondicionado me pegó fuerte en la cara, como diciéndome «despierta, Claudia, todo estará bien, todo no ha sido más que una pesadilla». Volví corriendo a rescatar a mis vagabundos y al entrar a la habitación caímos como desmayados en esas camas amables y consideradas que tuvieron a bien sostener nuestro atropellado comienzo.

Después de ese disgusto estaba eléctrica. Me bañé y salí a respirar un poco de Madrid, dispuesta a emparejar mi horario biológico con la hora local, mientras el resto de la tribu quedó tendida como hibernando.

Poco a poco fuimos asimilando lo que nos pasó y aprendiendo a aceptar las cosas como iban sucediendo, aprendiendo a manejar imprevistos, que no serían los únicos. Pero qué bueno fue que nos pasara esto al comienzo, para ponernos al tanto del tamaño reto que representaba este viaje, y apretar tuercas sueltas en la maquinaria.

Muchas veces, a pesar de planificar las cosas, no se hace nuestra voluntad, sino la que Dios tiene preparada para nosotros, por lo que todo termina saliendo como tenía que salir y nos queda aceptar y ver las oportunidades para mejorar.

Al día siguiente, ya un poco más descansados, nos tocó agarrar el vuelo a Londres. Llegamos con puntualidad inglesa al aeropuerto, nos apuramos en bajar del avión, con cuidado de no dejar nada. Enviamos las maletas con un servicio buenísimo donde dejas las maletas en el aeropuerto y ellos te las llevan a la dirección que tú elijas. De esta manera puedes movilizarte mas ligero, así que tomamos el *overground* hacia Fulham, estación Imperial Worth, en Stephendale Road, donde estaba la casa de nuestros amigos Manto y Juan Pablo, quienes generosamente nos la prestaron mientras estaban de vacaciones y que sería nuestro hogar por los próximos días.

El camino nos mostró un Londres con flores, verde, perfecto y correcto. La casa de nuestros amigos era un sueño, de cuento, como las que vemos en las películas, angosta y con muchas escaleras. Tenía un patio trasero y un cuarto de juego donde los niñitos pasaron horas jugando. No hay nada más atractivo para un niño que un juguete ajeno, todo es novedad, y más aún cuando no está el dueño para reclamar su propiedad.

Aquí nos quedaríamos un par de semanas, así que acomodamos nuestra ropa en una mesa para que se aireara.

—¡Kikeee! –grité al ver una manta roja de la que te dan para arroparte en el avión.

Kike había perdido su suéter rojo al confundirlo con la manta de la aerolínea, y en medio del apuro de la salida dejó el suéter y se llevó la cobija. Este no sería el único objeto perdido en este viaje, imagínense, ¡con tantas movilizaciones!, objetos perdidos, rotos, acabados por tanto uso. Otra lección más para aprender.

Luego, para aclimatarnos, decidimos salir a recorrer los alrededores, conocer el perímetro, ver qué tiendas había cerca, qué había en las calles aledañas, qué parque o iglesia teníamos cerca. Esta práctica se volvería común en todos nuestros destinos. Es una manera de hacerlo nuestro, hacerlo conocido; no sé por qué, pero creo que los seres humanos necesitamos pertenecer. Pertenecer a un lugar, a un pedazo de tierra. Desenvolverte en un ambiente conocido te da seguridad, y sentido de orientación. Aunque muchas veces nos perdimos, al volver recordábamos un olor, una calle, una casa o una puerta de nuestro recorrido inicial, y eso nos ayudaba de encontrar el camino de regreso a nuestro "nido".

Después de hacer este recorrido, sentíamos que al final del día volvíamos a nuestra «casa», a nuestro sitio conocido, y siempre decíamos, en nuestros adentros, «hogar, dulce hogar».

A tres calles de la casa se encontraba el South Park, que nuestros hijos adoraron por la libertad que les hizo sentir. Fueron capaces de ir al parque por sus propios medios, en patineta, supervisados por nosotros, que desde atrás los mirábamos preocupados porque no estábamos acostumbrados a tanta seguridad del primer mundo, y a la vez encantados de poder vivir esta libertad. Íbamos viendo las casas del vecindario, admirados con tanto orden; la casa de las macetas verdes, con la puerta que hacía juego; la de la puerta azul cobalto, que tenía sus ventanas amplias y sin cortinas como invitándonos a espiar. Alguna que otra vez vimos a familias inglesas tomando el te, conversando, y que maravilla fue poder ver por un huequito una ráfaga de dinámica familiar diferente a la nuestra, ellos sin cuidado de ser vistos, pero ignorantes de que los estábamos viendo. ¿Por qué nos llamara tanto la ateción la vida ajena? ¿Es que acaso no son iguales los problemas y las diligencias? Nos encanta mirar, y contrastar realidades. Somos prontos a resolver la vida de otros con agilidad y la nuestra nos cuesta verla con claridad.

¿Qué visitar en Londres?

Si algo tiene Londres son sus parques de grandes dimensiones y con muchos sitios de juego para los niños. Algunos de los parques que visitamos y que recomendamos son: Hyde Park, South Park y el Princess Diana Memorial Playground. Este último hace alusión al cuento de hadas de Peter Pan, con un barco pirata, bancos de arena, laberintos y tiendas de campaña de forma cónica, estilo las que usaban los indios. Mis hijos se sentían en el País de Nunca Jamás, y cuando nos teníamos que ir fue un lío, no se querían ir *nunca jamás*. Este parque es una visita obligada, imperdible en una visita con niños a Londres.

Kike quería conocer el Big Ben, así que fuimos y nos tomamos una foto desde el Westminster Bridge que conecta con Waterloo. Allí está el Parlamento inglés, Parliament Square, donde están las estatuas de Wiston Churchill, Abraham Lincoln y Mahatma Gandhi, entre otros. También fuimos a la Abadía de Westminster, cerca del parlamento, donde está uno de los coros más imponentes y antiguos del mundo: tienen 900 años cantando en las misas sin interrupción; toda una institución.

Almorzamos en Hyde Park nuestro acostumbrado picnic: unos sánduches caseros con los que me he vuelto experta, haciendo rellenos diferentes para variar el tradicional de jamón y queso. Comimos en un mantel vegetal, en un jardín infinito, un parque muy grande que toca por sus esquinas muchos lugares icónicos de la ciudad. Luego fuimos a las fuentes de los Italian Gardens, que son bellísimas. Los niñitos jugaron con los animales, la pasaron muy bien, pues hay muchas atracciones para niños con parques infantiles variados.

Los museos en Londres son de libre acceso y de mucha calidad. Los más interesantes para visitar con niños son: Natural History Museum, National Gallery, Tate Modern Museum y Victoria and Albert Museum, donde los viernes por las tardes, con previo aviso, imparten talleres gratuitos de dibujo para niños, ¡que lujo!

Otro punto a visitar es el Picadilly Circle, una esquina con muchos avisos luminosos y *shows* de teatro, donde se respira avance y prosperidad intercultural. Allí comenzamos nuestro crecimiento cultural al ver tantas personas diferentes, hombres, mujeres, hombres que parecen mujeres, mujeres que parecen hombres, chinos, negros, indios, blancos, todo el mundo apurado, menos nosotros, que nos detuvimos a ver el bullicio de la metrópolis con los ojos bien abiertos como para llenarnos de conocimiento a través de ellos, ¡que felicidad!

Todos los sábados, desde hace más de 150 años, se lleva a cabo el mercado de Portobello Road; otros días de la semana también abre pero en horarios más reducidos, por lo que los sábados son el mejor día para ir porque es el día principal donde está más concurrido y abren todos los tarantines. Me encantan los mercados al aire libre, me parece que puedo encontrar tesoros a precios de ganga y disfrutar del *vibe* de la ciudad. Los niñitos se portaron muy bien: el truco fue darles comida. Hay muy buenas opciones a muy buenos precios para comer al estilo *grab and go*. Claro, la promesa era ir al mercado y después al parque. Un poco de motivación y negociación hacen magia, así que después sí fuimos al parque, porque hay que cumplir las promesas.

Un poco de educación

En los museos, para motivar a los niños a que aprecien y entiendan el arte, más allá de saber quién realizó la obra y el movimiento artístico al que perteneció, nosotros les decimos que escojan una obra que instintivamente les llame la atención, les tomamos una foto tanto a la obra como al letrero del nombre del autor, y al llegar a la casa, o al día siguiente, la tarea es dibujar su apreciación de la obra e investigar en internet sobre el autor de la misma. De esta manera entienden, por ejemplo, el estilo de la pincelada de Vincent Van Gogh o por qué Frida Kahlo se pintaba tanto a ella misma.

* * *

Nos movilizamos por la ciudad en autobús y caminando. De Londres nos encanta su puntualidad y su orden. Nada más el hecho de caminar por los diferentes puentes que comunican un lado con otro del río Támesis es un festín para los ojos, y el London Brigde es un punto fijo a visitar.

Los niñitos se quejaban de cansancio y hambre constantemente, cuando apenas teníamos 15 minutos caminando. Nuestros hijos no estaban acostumbrados a ser peatones; para ellos la manera de trasladarse era en un carro con aire acondicionado de un lado a otro, por lo que este cambio les fue difícil de asimilar. Pero esta fue una brillante oportunidad para que conocieran otras formas de moverse, y para que aprendieran que todo en la vida no es tan fácil, ¡a veces toca sudar!

No estamos de vacaciones, adoptamos un estilo de vida

A estas alturas del viaje nos sentíamos de vacaciones, unas largas vacaciones. Nos acostábamos a la media noche cuando muy temprano, y por supuesto no había poder humano que nos hiciera salir de la cama antes de las 10 de la mañana. Creo que seguíamos con el horario venezolano. Yo estaba preocupada por recuperar la rutina. ¿Viviríamos así, sin horarios ni despertador por un año? Felicidad, preocupación, felicidad, preocupación... Mi mente se encontraba en medio de estas dos emociones. Estaba atravesando el umbral del cambio, lo sabía, pero la mente se resiste naturalmente al cambio, a la falta de rutina. El ser humano es de rutinas: te levantas, te lavas los dientes, te cambias, haces tu cama, desayunas y vas a las actividades diarias. Y a pesar de que pedimos este cambio, estábamos resistiéndonos a él instintivamente.

José Enrique quería hacer muchas cosas en un mismo día, ¡y vaya que hicimos cosas! Pero no podíamos pretender ir al ritmo de unas vacaciones normales, donde queremos exprimir el tiempo porque después se nos acaba y volvemos a la rutina. Los niños no le llevaban el paso, entonces vinieron las discusiones porque no estábamos acoplados en nuestros ritmos:

—Es que tú estás achantada.

—Es que tú estás acelerado.

Nos señalábamos José Enrique y yo, a la vez que regañábamos a los niños porque no estaban listos a tiempo... Nos estábamos adaptando a una nueva vida de movilización constante, pero esto no eran unas vacaciones normales, a pesar de que asi se sentían, era un estilo de vida.

Mi pensar es que tenemos que dosificar nuestras energías. La idea inicial era bajar la velocidad de nuestras vidas, ¿no? Pero también entendía a José Enrique: este tiempo no volvería, cada momento había que aprovecharlo al máximo. ¿Quién nos diría que estaríamos aquí, ahora, y con un montón de destinos por delante? Tic, tac, tic, tac, tiempo, ten piedad con nuestros planes, pasa lento, pasa suave, que queremos hacer tantas cosas, como sentarnos a hacer nada en especial, pero juntos.

No se los voy a negar, hubo mometos de frustración en el proceso de adaptación a este nuevo estilo de vida. Incluso hubo días que no tomé fotos, porque nos quedamos sin baterías en los dispositivos, o porque estábamos bravos y no íbamos a capturar un momento desagradable, pero hoy en dia agradezco hasta esos momentos porque dieron paso al crecimiento y a disfrutar de tiempo de desconexión necesario para cada uno de nosotros.

* * *

Londres estaba entre 21 y 23 grados centigrados, mayormente soleado, y el sol se retiraba casi a las 10 de la noche. Kike le preguntó a su papá:

—Papi, ¿cuál es la diferencia entre las 4:00pm y 3:60pm?

Son preguntas de esas que vale la pena atesorar. ¿Qué habría sido de esa pregunta en un día de trabajo, colegio y apuro? Se hubiera desvanecido, pero ahora estaba allí, para nosotros escuchar y explicar extendidamente, sin apuro, y nos reímos, y luego respondimos:

—3:60 es igual que 4:00, Kike.

—Pero me gusta más 3:60p.m.

Nos reímos a más no poder, además de que recordaríamos la anécdota siempre.

Inicio del la novedad del *Homeschooling (escuela en casa)*

En miras a encontrar el equilibrio entre el deber y el placer, decidí dar por iniciada la etapa de educación en casa. El tema de darles clases a los niños es una gran responsabilidad y sabía que iba a ser uno de los mayores retos de esta aventura, porque ni José Enrique ni yo somos maestros, y honestamente muchas veces pierdo la paciencia solamente corrigiendo las tareas. Pero la voluntad de enseñarles para que no perdieran el año escolar durante el año de viaje nos motivó a investigar técnicas y poner nuestra mejor cara para ser los mejores profesores de nuestros hijos.

Los niños habían estado recibiendo mucha información y quisimos ubicarlos un poco. Al principio pusieron resistencia, y en seguida supe que era buena idea empezar lo antes posible, aunque fuese con un ejercicio rápido al día, porque si pasaba más tiempo se volverían más flojos para arrancar el ritmo de clases de matemáticas, lengua e inglés.

Vamos a estar claros, no vamos a estudiar todos los días, hay mucho que conocer y así también se aprende, pero sí es saludable establecer una frecuencia que se adapte a nuestra realidad. Para nosotros, entre tres y cuatro veces a la semana resultó viable.

Así que comenzamos con un mapa de Inglaterra, su ubicación en el planeta, la ubicación de Londres y los puentes y monumentos más importantes, así como palabras en inglés. Esto sirvió para ubicarlos en el espacio en que estaban y que tuvieran una perspectiva de los movimientos que venían en puerta. Les puedo decir que hoy en día mis hijos tienen una noción del espacio que yo habré tenido, tal vez, en mis años de bachiller. Son capaces de ubicar todos los países del planeta, tener noción del clima en cada uno de ellos, de las personas que los habitan, y no por haberlo leído en libros sino porque ellos lo vivieron.

Este abreboca académico, fue un buen comienzo, mas adelante seguire contando mas detalles sobre nuestra experiencia enseñando a nuestros hijos, y de cómo "El Señor Google", al que Nacho describió como un señor de edad avanzada, con barba y que nunca duerme, nos saco de apuros mas de una vez porque las preguntas de estos niños no estuvieron fáciles.

Rumbo a Bélgica

¡Volaron los días! Nos despedimos de Londres y salimos por la estación St. Pancrass en el tren EuroStar a Bruselas, Bélgica. Despedir moradas donde dejamos recuerdos y un pedazo de nuestras vidas se convirtió en una constante. Clementina, la más sentimental de nuestros hijos, se volteó, mirando la casita:

—Mami, justo cuando me acostumbro a un lugar, ya nos vamos.

Cuando uno de los hijos tiene un momento de debilidad, los padres debemos ser fuertes.

Yo le respondí:

—¡Ay, Clé! ¡Y los que nos faltan! ¿Este sitio fue bueno, verdad? —como restándole importancia al reclamo.

A nuestra llegada a Bélgica, nos esperaban unos buenos amigos quienes nos dieron una extraordinaria y familiar bienvenida. Sara es una vieja amiga de José Enrique que visitó a su familia en Venezuela hace muchos años cuando era estudiante de intercambio; ahora está casada y con tres hijos muy bellos y educados que rondan las edades de los nuestros. Fue bonito ver cómo los niños aprovecharon la oportunidad de hacer nuevos amigos, con una rapidez y sobrepasando la barrera del idioma. Se rieron, jugaron fútbol, montaron bicicleta aprovechando el clima veraniego e, incluso, intercambiaron direcciones de Instagram para mantener el contacto a futuro.

Sara y Luc viven en Antwerp, en un conjunto de casas en el campo, rodeadas de vacas, y tiene un huerto en su propio jardín. Llevan una vida muy sana, tanto para el cuerpo como para el alma.

Nos invitaron a comer al aire libre, en un mesón de madera, ataviado con un mantel largo y colorido, que llenaron de productos de la región y un buen vino, donde compartimos hasta que se nos hizo de noche, a eso de las 10. El ambiente me invitó a fantasear con vivir así de tranquila, en una casa de algún lugar remoto del planeta, alimentándonos con sopas de nuestro propio huerto, oliendo a pasto, ermitaños, rebeldes, satisfaciendo nuestras necesidades básicas… una vida sencilla es todo lo que pido. ¿Y no es esa la fantasía de todo mortal? Volví en mí, estábamos terminando la velada.

Viajes *around* Bélgica

Al día siguiente conocimos Bruselas. En nuestra visita tuvimos la suerte, y digo la suerte porque este evento se da cada dos años, de ver en la Gran Plaza de Bruselas una gran alfombra floral hecha completamente con flores de colores. Son 70 metros de largo por 24 metros de ancho, una enorme superficie rodeada de los mejores ejemplos de la arquitectura gótica de Bruselas. La Grand-Place cubierta por unas 600.000 begoñas en flor. Si tienen la suerte de visitar Bélgica en verano y no se quieren perder este espectáculo, deben asegurarse de venir el fin de semana del 15 de agosto. La Grand-Place, joya gótica y declarada Patrimonio de la Humanidad por la UNESCO, se viste de colores gracias al trabajo de más de 100 voluntarios.

Otra atracción turística de Bruselas es el famoso Manneken Pis, un diminuto niño de bronce haciendo pipí en forma de fuente. Realmente después de buscarlo por una hora, al llegar y verlo, ¡fue decepcionante! Es una estatua muy pequeña e insignificante. La expresión de Clemen al verlo fue «¿Eso es todo?». Pero es un ícono de la ciudad, que simboliza el espíritu independiente de sus habitantes, así que había que conocerlo.

Esa tarde nos comimos los mejores waffles que hubiéramos probado; compramos los sencillos, sin crema ni frutas encima. Eran de textura acaramelada, dorada, azucarada y crujiente por fuera, suave y chicloso al morderlo. Una perdición. Tuvimos que ir a buscarlos como borregos al día siguiente, como obsesionados con este manjar.

En Bélgica hay cuatro ciudades importantes: Bruselas, Antwerp, Gante y Brujas. En nuestra breve visita de tres días nos faltó conocer Gante, pero nos han dicho que es una ciudad muy bonita. El servicio de tren funciona muy bien y las ciudades son accesibles a pie, es decir, una vez que el tren te deja en la ciudad puedes movilizarte a pie sin problemas porque las distancias son relativamente cortas.

Pero sí tomamos el tren para ir a Brujas, una mágica ciudad de canales de agua, con pequeñas casitas medievales donde en muchas de ellas se puede ver cómo las viejitas entretejen a mano bobinas para elaborar los encajes de bolillo más minuciosos y finos del mundo. La gente del pueblo es amable y tiene esa vida sencilla que nos ha inspirado a hacer este viaje.

Hola, Ámsterdam

Seguimos nuestro camino de felices nómadas, con cosquillas en la barriga pensando en los sitios por conocer. ¿Qué encontraríamos? ¿Nos gustaría? ¿Sería esta ciudad una revelación? Nos trasladamos temprano en la mañana de Bruselas a Ámsterdam, Países Bajos, en un tren con duración de dos horas y media. Al llegar, salimos de la estación principal y vimos un brillo metálico producido por el sol. Al aclarar la vista, nos dimos cuenta de que se trataba de aproximadamente 500 bicicletas estacionadas una detrás de la otra. En Ámsterdam las bicicletas son protagonistas, tiene su propia vía, semáforos y estacionamientos. Le dije a José Enrique que se quedara con los niños y las maletas en la estación para averiguar la mejor manera de llegar al hostal que sería nuestro «hogar» por los próximos seis días. Finalmente, tomamos la opción del tranvía, que nos dejó a unas pocas calles de distancia, las cuales tuvimos que hacer arrastrando las cinco maletas, los cinco *carry on*, las raquetas, las pelotas y el pulpo de peluche. Por supuesto, ¡llegamos cansadísimos!

El hospedaje era un hostal universitario, asentado en un antiguo colegio. Las habitaciones eran antiguos salones de clase reformados y acondicionados para servir como habitaciones, con literas y baño privado algunas de ellas, y otras con baños compartidos. Nos tocaron dos habitaciones comunicadas que compartían un baño y el desayuno estaba incluido. Había una cocina comunitaria para hacer las demás comidas. Ámsterdam es una ciudad muy costosa y esta opción fue la que mejor se adaptó a nuestro presupuesto. Fue muy cómico ver la cara de extrañeza con la que nos veía la población joven, meramente estudiantil, del hostal, ya que éramos la única familia hospedada en el sitio.

A la mañana siguiente, en el comedor del desayuno, fuimos remontados a nuestra época escolar, al ser tratados como uno más de los insurrectos jóvenes estudiantes, o no insurrectos, nada más jóvenes y tontos. Había un cantinero malhumorado que vigilaba que nadie tomara exceso de pan o de sirope de maple para su panqueca, y exigía hacer la fila ordenadamente. Lo recuerdo con gracia, fue rejuvenecedor. Había unos que llegaban a servirse en una sentada cinco rodajas de pan y tres tasas de cereal, y llevaban su regaño seguro.

El hostal, intuyo, era de estudiantes de arte, de arquitectura y diseño, porque sus paredes estaban llenas de dibujos, esculturas y expresiones artísticas. El comedor donde estábamos era un salón enorme con muchos juegos de comedor diferentes, de diseño innovador y postmodernista. Había un piano de cola que en ocasiones, si había ganas, era tocado impecablemente por algún comensal inspirado. Nos tocó en dos oportunidades en nuestra estadía: un muchacho desaliñado, delgado y decidido se sentó en el piano, y recuerdo que tocó una melodía relajante, como para hacer la digestión, de muy buen gusto. Fue un momento de magia en esta suerte de fraternidad donde nos hospedamos; regalos que recibimos en el transcurso de esta experiencia.

Al salir a recorrer los alrededores, ubicamos un mercado para comprar la comida para los próximos días y nos dispusimos a conocer Ámsterdam.

Nacho se quejaba de dolor en las piernas. No sabíamos si era realmente que le costaba caminar o era el cansancio propio de un niño de 6 años que no está acostumbrado a caminar tanto, o un poco de ambas cosas. Nosotros le exigíamos para que se esforzara más, a la vez que en las noches antes de dormir le hacíamos masajes y sesiones de calor con una fomentera para que mejorara el dolor. Fue duro para nosotros verlo caminar con la pierna derecha rígida por varios meses, hasta que un día, como por arte de magia o de iluminación divina, como si se tratara de Forest Gump, gracias a nuestras incansables oraciones, flexionó la rodilla y volvió a caminar con normalidad, y hasta corre! Corre Nachito, corre mi amor!.

Recomendaciones para viajar con niños

Lo que hemos aprendido es que lo primero a tomar en cuenta viajando con niños es que son niños, entonces las distancias a recorrer deben ser cortas, estar intervenidas por pequeños recesos para comer, ir al baño, estirar las piernas, etc.

En nuestras excursiones por esta parte de Europa, aplicamos ciertos *tips* que nos funcionaron y se los compartimos:

1. Siempre llevar protector solar. El sol es inclemente en esta parte del mundo, no sé si es porque estamos más arriba; no conozco la materia, pero lo sentimos más fuerte.

2. En muchos países visitados el agua del grifo es potable, entonces logramos ahorrar un dinerillo reciclando y rellenando las botellas.

3. El uso de los baños públicos en Europa con frecuencia es de pago (0,5 euros por persona), es decir, hay que pagar para usarlo; tomen previsiones y tengan algo de monedas preparadas.

4. Las salsas untables (kétchup, mayonesa, mostaza) como complementos de sánduches, hamburguesas, perros calientes, papas, etc., hay que pagarlas también en algunos lugares. Lleven la salsa de su gusto comprada en el automercado más cercano, que siempre tienen varias categorías de descuentos básicos y puedes rendir el dinerillo.

5. Si tienen que cambiar divisas, lo mejor es utilizar la tarjeta, sacar en el ATM o cambiar en mercados locales (*Bureau of Exchange*) y regatear. Se pueden lograr buenas tasas.

6. Tanto Reino Unido como Dinamarca y Suecia, a pesar de pertenecer a la Unión Europea, mantienen su propia moneda.

Un poco más de Holanda

Para conocer Holanda, más allá de los molinos y los tulipanes, debes aprender a apreciar su cultura. Son personas muy avanzadas en cuanto a su mentalidad: reciclan, tienen una economía autosostenible y vías de comunicación variadas (carro, autobús, tranvía, tren… y no olvidemos las bicicletas) que segregan a los peatones dejándolos muchas veces sin acera para transitar la ciudad. Luego de entender esto, tienen una perspectiva clara para conocer la ciudad.

A propósito de esto, pasamos un gran susto con Clemen, aunque creo que ella se asustó más que nosotros. Estábamos caminando y el viento le voló un sombrero que llevaba puesto. Ella, instintivamente, se dispuso a rescatarlo del medio de la calle, para lo cual tenía que atravesar las vías del tranvía y la callecita de bicis. Es muy confuso para el que no es local caminar por esta ciudad, pues no sabes en qué dirección mirar para saber si vienen carros o bicis. Entonces gritamos al unísono: «¡Paraaaaa!». Ella reaccionó congelándose en el acto, y en seguida pasó ante nuestros ojos un carro a toda velocidad. Milagros diarios, les llamamos nosotros, pequeñas ayudas, empujones hacia adelante, protecciones que nos manda Dios, que nos acompañó durante el viaje en todo momento. Esta vez Clemen se salvó de un arrollamiento. Debo confesar que al principio, por no estar acostumbrados, estábamos contrariados con este sistema tan sofisticado de vías de comunicación, porque había que estar muy alerta como peatones.

Nuestros consejos para visitar Amsterdam con niños son:

1. Puedes ver un molino del siglo XIX sin salir de la ciudad, en el barrio de Zaadijk. Con suerte el dueño lo abre para visitarlo por dentro, es el estudio de un pintor.

2. Para llevarlos al parque pueden visitar Voldenpark. Casi todos los parques en Ámsterdam tienen granjitas de contacto donde los niños pueden dar de comer a los animalitos.

3. En verano se puede ir a la playa. Nosotros visitamos una del río Sloterplas, al lado del Sloterpark.

4. No dejen de visitar la Ámsterdam Central Library. El ambiente es muy lúdico, invita a jugar leyendo.

5. Para comer, un día fuimos a un sitio llamado Foodhallen, una antigua estación de tren convertida en una feria de puestos de comida y tiendas de diseñadores independientes; un concepto espectacular y un plan diferente.

6. Visitamos el famoso Barrio Rojo, sí, con los niñitos. Fuimos a horas de la tarde cuando la mayoría de los locales estaban cerrados, pero lo consideramos una buena oportunidad para hablarles sobre las drogas y la prostitución, sin tabús, de manera muy sencilla, explicado por nosotros, sus padres, con el mayor cuidado de contarles las cosas adaptadas a sus edades. Preferimos contárselo nosotros y no que más adelante conozcan de otras bocas sobre estas cosas con información errada.

* * *

Al final del día llegábamos cansadísimos al nido. Compartíamos experiencias y alguna comida con algún estudiante trasnochado en la cocina comunitaria, y a dormir. En los dos cuartos comunicados habían solo literas, dos en uno, donde estaban los niños, y una litera en el otro, donde estábamos nosotros, José Enrique en la cama de arriba y yo en la de abajo. Todo el cuarto era amarillo: camas, paredes, baño, piso, todo. Había una puerta negra que dividía los cuartos y representaba nuestra vida en pareja. No se imaginan la presión que cargaba esa puerta, el compromiso de mantener la línea divisoria entre nuestra vida de padres y la de esposos. Esa noche fuimos unos estudiantes enloquecidos, queriéndose como si no hubiera mañana, probablemente lo mismo que pasaba en otras habitaciones de ese hostal universitario en Ámsterdam.

V

Road trip nórdico

Agosto 2016

Felices, dijimos adiós por un tiempo a nuestros días de peatones. Alquilamos un carro, montamos todo el perolero que representaba nuestras vidas y arrancamos, vidrios abajo, a recorrer camino. ¿El rumbo? Los países nórdicos. Recorreríamos varias fronteras en 11 días de nuestro primer *road trip*.

¿Les he dicho que me encanta viajar en carro? Ya sé que es agotador, pero en el camino vas viendo cómo cambia el relieve, la fauna y la flora, y te encuentras con esos pueblitos escondidos, que viven secretamente esperando ser descubiertos. De pequeña hice muchos viajes en carretera con mi familia por Venezuela: Mérida, La Gran Sabana, Puerto La Cruz, Margarita, Maracaibo, las playas de Falcón… Siempre nos íbamos parando en cuanto tarantín había para comprar productos típicos de la región. Un *cassette* de Rocío Durcal de rancheras me recuerda hoy por ejemplo a Mérida, porque en los viajes de carretera estás encapsulado en ese carro, viendo para afuera, teniendo conversaciones increíbles con tus hijos, o escuchando algún *hit* musical que se quedará grabado en tu mente y se convertirá en el *soundtrack* de tu vida.

Nosotros diseñamos el viaje con trayectos de no más de ocho horas, porque con los niñitos nos pareció muy forzado hacerlos más largos. Así que nuestra primera parada nos llevó a Hamburgo, en donde pernoctaríamos un día para seguir camino.

Recorriendo Alemania

Hamburgo está al noroeste de Alemania, ciudad pujante, llena de construcciones, conservadora. Detrás de Roterdam, es el segundo puerto más grande de Europa y el noveno del mundo. Allí visitamos un parque llamado Planten un Blomen, con diversas atracciones, como en buena parte de Europa, con juegos de agua aprovechando el verano, conciertos al aire libre y carreras de bicicletas. Sin duda, un sitio turístico a destacar que visitamos fue los alrededores del río Alster, en pleno centro, es la vida de la ciudad, con sus cisnes elegantes y blanquísimos engalanando las aguas. Aunque nuestra estadía fue corta, la aprovechamos y fue muy interesante apreciar una ciudad alemana, muy organizada, limpia y su gente muy fría.

Nos llamó la atención que en plena calle se encontraban dos muchachas repartiendo abrazos, tenían una pancarta que rezaba: «*Free*

Hugs!». Dice mucho este evento de la idiosincrasia del nórdico, su distancia y frialdad en el trato interpersonal. Me ofrecieron y les di un abrazo de los nuestros, apretado y caluroso. No hay nada que le guste más a un venezolano que abrazar.

En el parque hicimos nuestro acostumbrado picnic y practicamos deporte. Resultados en fútbol: Kike y Clemen *vs*. Nacho y su papá, 10 a 8. Clemen jugó muy bien y Nacho marcó cuatro goles.

Valores

Al día siguiente, antes de coger camino, fuimos a misa de 12, que por suerte conseguimos en español (otro milagro diario), en la Iglesia de Saint Bonifacius. Nos dieron un mensaje claro y contundente: hablar menos y escuchar más. Una buena reflexión para el camino de carretera. Escuchar el llamado de Dios nos puede dar las respuestas a muchas de las cosas de las que tenemos preguntas, pero tenemos que acudir a él abiertamente.

Sin duda en este camino nos ha servido de mucha guía nuestra fe en Dios. En esta experiencia te puedes perder en la pereza, el materialismo, el egoísmo, por solo decir algunos. Para nosotros nuestra fe ha sido guía, refugio y alivio. Debemos hacer todo lo que esté a nuestro alcance para estar en gracia y estar cerca de Dios. Nunca es tarde para mejorar y enmendar nuestras fallas, hacer borrón y cuenta nueva, y empezar una nueva etapa para convertir las debilidades en oportunidades y ser mejores seres humanos.

Con Dios de la mano y creyendo en nosotros mismos nada puede ir mal. Aquel día, reflexionamos en el camino: ¿que estoy haciendo para ser mejor persona? ¿Ayudo a los demás? ¿O pienso solo en mí? Desde ese día comenzamos a hacer una campaña familiar de ayuda en la calle: recogeríamos la basura y la pondríamos en su lugar, llevaríamos unas meriendas de más para compartir con personas que lo necesiten, abriríamos nuestros ojos para ver a nuestro alrededor, haciendo visible a esos seres humanos, esos hermanos que están en condiciones menos favorables que la nuestra, y les tenderíamos la mano.

Más que dar, estábamos recibiendo una gracia especial, el sentir lo bonito de ayudar, y enseñarle a nuestros hijos que dar es mucho mejor que recibir. Hay mucha gente pasando hambre en el mundo, pero lo impresionante no es eso, sino la indiferencia de la mayoría. El que pasa y acelera para no ver, para no sentirse culpable. Esto no es correcto y les tratamos de enseñar a nuestros hijos que tienen que mirar a su alrededor, porque convivimos en un mundo de seres humanos, y ninguno es más ni menos que los demás, y si estás en un momento dado en una posición más favorable que otro tu deber es ayudar a esa persona, así de simple.

A lo largo de nuestro recorrido en el viaje, todos los días, analizamos la palabra de Dios, para tener un puntito de luz que nos ilumine y nos ayude a afrontar el día. La *Biblia* es un libro maravilloso, fuente de sabiduría divina, que poco conocemos, a veces es como si estuviera en clave y nos fastidiara saber de este tema. Pero si nos lo proponemos, podemos encontrar en él la respuesta a nuestras preguntas.

* * *

Llegamos a la frontera entre Dinamarca y Suecia por Malmö. Decidimos quedarnos en Malmö por dos razones. La primera es que está ubicado estratégicamente muy cerca de Coppenhagen, los separa literalmente un puente y media hora de recorrido. Y la segunda es que los precios en Malmö son mucho más accesibles. Este es un buen dato a considerar si quieren ahorrarse un dinerillo, ya que tienen la oportunidad de visitar Copenhagen y conocer otra ciudad de Suecia sin afectar tan gravemente el bolsillo.

Llegamos al punto de control de frontera, donde a pesar de que no salimos de la Unión Europea estaban revisando pasaportes. Nosotros, con nuestros documentos siempre en regla, estábamos tranquilos. Sin embargo, advertimos una cara extraña en la señora que nos estaba atendiendo. Acto seguido nos informaron, en un inglés precario, que debíamos pasar a otro punto con otros oficiales. El oficial grande y gordo que nos atendió miró el carro y el asiento de atrás donde se encontraban nuestros hijos, puso una cara de asombro mezclado con asco y nos dijo:

—*What is that?* –señalando la maleta que sostenía Nacho en sus piernas.

Nuestro carro era una camioneta compacta cuyo maletero era insuficiente para cargar todo el equipaje que traíamos, por lo que tuvimos que colocar bolsos en el asiento trasero entre los niñitos. Por este motivo tuvimos que asumir una multa y allí comenzó la negociación de José Enrique. A pesar de que les echó el cuento a los oficiales y algunos empezaron a entender por qué estábamos tan cargados, nos pusieron a hablar con la jefa de la unidad, una mujer sumamente seca y dura que nos trató como gusanos y nos advirtió que debíamos tomar el papel con la multa y pagarla antes de un mes en cualquier banco: 2.552 coronas suecas de desbalance presupuestario, queríamos llorar. Un oficial que se había apiadado de nuestra situación nos prestó su celular para llamar a la arrendadora e informarle que íbamos tarde. La arrendadora ya estaba preocupada porque nos esperaba desde hacía tres horas, las mismas que estuvimos tratando de evitar que nos pusieran la multa, pero no hubo forma. Segundo tropiezo del viaje.

Días después, José Enrique visitó la estación de policía para poner una denuncia por trato discriminatorio, violación al debido proceso y derecho a la defensa (les recuerdo que José Enrique es abogado). Aún no sabemos si procedió o no, pero era importante para nosotros, y sobre todo ante los ojos de los niñitos, dejar en claro que si recibes un mal trato, no solo puedes, sino que debes reclamar tus derechos. Los derechos humanos están nublados en los días que vivimos y es importante esclarecer el panorama con seres humanos que porten valores firmes y que hagan valer sus derechos.

Algunas dificultades se pueden presentar, es normal, por ejemplo con el idioma. En Suecia no entendíamos nada, y no todos hablan inglés, que es nuestra segunda lengua, ni mucho menos español. Además, las maletas eran demasiadas para nuestro gusto; había multas, retrasos, embarques… pero sigo sin cambiar la experiencia con estas cuatro personas por nada en el mundo.

* * *

Por fin llegamos a la casa: una unidad amplia de dos plantas con todas las comodidades y un jardín con cama elástica y bicicletas disponibles para pasear por el vecindario. Los niñitos estaban fascinados. Había hasta un cuarto de juegos entre las habitaciones, muy iluminado y lleno de juguetes, donde los niñitos se pasaron horas jugando. Estábamos agradecidos de conseguir este sitio que alquilamos en una pagina web de alquileres de casas de familia, tanto, que a la mañana siguiente practicamos la primera *slow morning* del viaje: pasamos la mayor parte del día en pijama, leyendo, revisando nuestros planes y los niñitos jugando con todas las cosas nuevas para ellos.

Si es verano, vamos a la playa

Visitamos una linda playa llamada Ribersborg Kallbadhus, la más popular de Malmö. Tiene una parte de grama con diferentes actividades para hacer al aire libre, y una playa con varios malecones de madera muy lindos. A nosotros nos encanta la playa, esa sensación de libertad que nos da el mar y la tranquilidad que transmite con solo escuchar las olas lo hace todo. Tenemos mucha suerte de poder conocer diferentes tipos de playa y es curioso cómo cada una es distinta. Esta, en el mar Báltico, por ejemplo, es rocosa, el agua es transparente y muy fría, y la arena es entre blanca y gris.

Otra playa que nos regaló el GPS fue Kämpinge Beach. Un día queríamos ir a la playa y simplemente colocamos en los puntos de interés del GPS la palabra «*Beach*». Arrojó un resultado y tomamos rumbo al destino indicado. El GPS nos llevó a una playa bellísima y escondida, con arena suave y aguas cristalinas. Queda en medio de una urbanización de cabañas vacacionales rudimentarias, pintadas de festivos colores. Pasamos un día de playa inmejorable, que terminamos con unos helados de crema en una heladería que está en la entrada de esta mágica playa secreta.

Ya estaba llegando septiembre. Poco a poco el verano iba terminando en algunos lugares. Aun en Suecia tuvimos muy buenas temperaturas y sol como para ir a la playa y seguir en bermudas y sandalias. Fue novedoso para nosotros ver caer el sol casi a las once de la noche, y un poco confuso para nuestro horario biológico: nos acostábamos cada vez más tarde y, por ende, nos levantábamos más tarde también.

En Venezuela manteníamos un ritmo de vida en cuanto a alimentación, deporte y actividades. En nuestra agenda sin agenda, tratamos de mantener ese ritmo, y muchos fueron los momentos durante el viaje para montar bicicleta, practicar deportes, jugar fútbol y volley fútbol, ir al béisbol, ver carreras de ciclismo, trotar, saltar cuerdas, en fin, que estábamos en alerta para encontrar cualquier espacio verde donde pudiésemos estirar el esqueleto y llenarnos de energía para continuar la aventura. Aquí algunos resultados de los partidos más disputados:

Volley-futbol en Miami: Kike y Papi *vs.* amigos argentinos. Resultado: 3 sets a 1. MVP (*Most Valuable Player*): Kike.

Fútbol en el South Park de Londres: Clemen y Papi *vs.* Mami, Kike y Nacho. Resultado: 5 a 3. MVP: Clemen.

Fútbol en Ámsterdam: Nacho y Papi *vs.* Kike. Resultado: 10 a 8. MVP: Nacho.

Fútbol en Malmö: Kike y Clemen *vs*. Papi. Resultado: 10 a 7. MVP: Clemen.

Lo más importante es que lo disfrutamos un montón.

Llegamos a Copenhague

Al cruzar el puente de Oresund, obra magistral de arquitectura y diseño, imponente y moderno, construido en concreto y guaya gruesísima, entramos a una de las ciudades que más nos ha gustado, cuna del diseño danés y de la monarquía más antigua de Europa, con una arquitectura de líneas modernas. Imagínense el contraste del Teatro de la Ópera de Copenhague, de madera y diseño moderno, que da al famoso canal de Nyhavn, con las casas antiguas (hoy locales comerciales) y barcos estilo carabela de Cristóbal Colón. ¡La imagen era sublime! Y allí estábamos nosotros, unos venezolanos con la cabeza llena de selva virgen y guacamayas del trópico, viendo la más pura esencia de primer mundo. Nos sentíamos afortunados y un poco «campurusos», eclipsados con tanto desarrollo.

Caminamos por horas, como tratando de comernos la ciudad en un suspiro, hasta que nos dio la noche (10:30 p.m.) buscando la bendita sirenita de Copenhague, estatua en bronce que fue inspirada en el famoso cuento de hadas de Hans Christian Andersen. Para que no te pase lo mismo y la encuentres rápido: está ubicada en la bahía del puerto de Copenhague que desemboca en el mar Báltico.

La monarquía danesa es la más antigua de Europa. A José Enrique siempre le ha llamado la atención este tema, sus historias y cómo estas dinastías nobles aún en este mundo globalizado de hoy en día influyen en los quehaceres de la diplomacia, la política y hasta la economía de un país. En el Reino Unido, por ejemplo, prácticamente todo pasa por manos de la reina antes de ser aprobado. Es impresionante su poder. Por eso, José Enrique le escribió a la reina Elizabeth, sí, esto paso de verdad, *The Queen*, para tomarnos el té a las 4 en punto de la tarde en palacio, y contarle sobre nuestro proyecto de conocer el mundo, tener este intercambio cultural, enseñando valores a nuestros hijos. Y para nuestra mayor sorpresa esta carta enviada en correo ordinario fue respondida por un oficial del Palacio de Buckingham, a los tres días calendario, por la misma vía. El papel era grueso y tenía un membrete en rojo con el sello real de la Reina (EIIQ). La carta decía que no iba a ser posible nuestro encuentro y nos deseaba lo mejor en nuestra aventura (obviamente), pero nada más el gesto de contestar fue suficiente para sentirnos satisfechos. El sistema de correos de un país dice mucho de su desarrollo, de su organización. Con la experiencia previa de Inglaterra, nos animamos a enviar una carta a la Reina Margarita II de Dinamarca, la cual fue respondida también pero vía *email*, comunicándonos que no iba a ser posible nuestro encuentro, pero de nuevo, fuimos respondidos.

* * *

Siguiendo nuestro *road trip*, realizamos el trayecto más largo del viaje en carro hasta aquel momento: nueve horas. Nos trasladamos desde Malmö hasta Estocolmo, dentro de Suecia. Para este viaje preparé unos *snacks* para el carro: botellas de agua, compramos papas fritas, manzana, cambur, y preparé sánduches de capressa para los adultos y de atún para los niños.

Al llegar a Estocolmo, nuestra última parada en este *road trip*, nos encontramos con una ciudad antigua, señorial ¡y fría! En verano puede llegar a hacer 15 grados centígrados. Es como un reino con castillos y puentes de cuento. Como estaba lloviendo sin parar, nos dedicamos a pasear para conocer un poco la ciudad desde el carro. En la noche, por fin llegamos al hotel, cansados de todas las horas de viaje en carro, y ¿adivinen qué? ¡La magia del cuento se acabó! La recepción del aparto-hotel era de las que cierran a las 8:00 p.m. y nosotros llegamos media hora más tarde.

Nos encontrábamos en un suburbio de Estocolmo, a las 8:35 p.m., sin línea telefónica, sin poder entrar a nuestro apartamento y cansados hasta el infinito. Esperamos a ver si salía o entraba alguien para pedirle ayuda, pero nada, solo teníamos un número de teléfono que «gentilmente» dejaron para llamar y conseguir un código de acceso. Después de darle a la cabeza un rato sobre qué podíamos hacer para resolver este bache, rodamos hacia el bar más cercano a buscar ayuda. Allí conseguimos un alma caritativa que por suerte hablaba inglés y llamó al número del hotel para que nos dieran la clave de acceso a la habitación.

¿Por qué nos pasaban estas cosas, Dios mío? Y las que faltaban... Primero lo de Madrid, después la multa de Mälmo y la llegada a Estocolmo. Nuestro historial de vacaciones previas era intachable, ni un disgusto ni un retraso, cada detalle cubierto. ¿Que nos está pasando? No es fácil coordinar un periplo tan extenso, y mis días de agente de viaje de esta aventura apenas comenzaban. Vamos, Claudia, pilas, pilas, hay que confirmar, reconfirmar, escribir a cada sitio con dos semanas de antelación y preguntar cualquier detalle, para poder tomar previsiones con tiempo y evitar este tipo de inconvenientes. Lo digo para que no te pase lo que nos pasó a nosotros: confirma, escribe un *email* al alojamiento con por lo menos una semana de anticipación; muchas veces dicen que no hace falta confirmar, pero te recomiendo hacerlo, así como tener por escrito los números de reserva y direcciones. Yo, por ejemplo, tengo un libro gordísimo con todas las reservas de todo el año.

Misa en Estocolmo

De regreso al hotel, nos dimos cuenta de que teníamos una iglesia católica a escasos 50 metros de distancia: otro milagro diario. Dios acompañándonos durante el camino, porque en Estocolmo solo el 1% es católico y por tanto son muy contadas las iglesias donde rendir nuestro culto.

Al día siguiente fuimos a esa iglesia que quedaba a un minuto de donde estábamos en Marsta, la iglesia de St. Franciskus ar Assis. Fuimos a las 10:30 a.m. a una misa en sueco (¡!). No entendimos nada, pero teníamos que dar gracias por nuestro viaje y por no haber dormido en el carro con ese frío inclemente. Esa iglesia había recibido a Juan Pablo II durante una de sus visitas a Suecia y en la misma reposan unas reliquias del Santo Padre.

«En tus asuntos procede con humildad y te querrán más que al hombre generoso. Hazte pequeño en las grandezas humanas y alcanzaras el favor de Dios».

Ese fue el mensaje de la homilía de aquel día que después investigamos. Muchas veces tuvimos que hacer este ejercicio ya que escuchamos misa en idiomas que no entendíamos. Esta práctica nos ha servido para analizar con mayor detenimiento la palabra de Dios. Es increíble cómo Dios siempre atina con las palabras que necesitamos escuchar en un momento dado.

Educación

Continuó lloviendo en Estocolmo, así que decidimos ir a la biblioteca central para leer un poco con los niñitos. Tratábamos que leyeran más, que tomaran el hábito, pero nollevamos muchos libros por temas de limitación del equipaje, así que cada vez que teníamos chance nos fuimos a la biblioteca pública más cercana a revisar libros. Resultó un hallazgo afortunado. La biblioteca tenía un área para niños estupenda y allí pasamos la tempestad sumergidos en enormes cojines de colores, tirados en el piso leyendo. Estuvimos horas viendo diferentes secciones de la biblioteca.

El truco para lograr captar el interés de los niños es elegir títulos sobre temas que les gusten. Por ejemplo, Kike comenzó leyendo sobre fútbol; a Clemen le encantan las novelas juveniles sobre temas relacionados con amigas y el colegio, cosas con las que fácilmente se identifica; y Nacho sobre dinosaurios.

Mi cuñada es maestra y me dio un truco genial que consiste en dejarles noticas cada cinco páginas: «Lo estás haciendo muy bien» o «En cinco páginas más hay una sorpresa», para incentivarlos a que lean más. Otro *tip* es no forzarlos a leer desde el principio muchas páginas, sino ir gradualmente, primero una página, luego cinco, luego diez páginas por día, e ir aumentando poco a poco.

Por otro lado, si andas en carro, cerciórate siempre de que estacionas correctamente, en un lugar previsto para ello. Además, especialmente en estos países donde existe la barrera del idioma, procura llevar siempre sencillo, algunas monedas, de manera que puedas resolver en la calle y, por supuesto, ubica siempre el ticket del *parking* en lugar visible.

* * *

Al día siguiente seguía nuestra aventura por los países nórdicos, esta vez a Helsinki, Finlandia.

«Un hombre viaja de todo el mundo en busca de lo que necesita y vuelve a casa para encontrarlo».

Esta cita es de George Moore, novelista, escritor y dramaturgo irlandés, la tomó José Enrique en el vuelo de Finlandia a San Petersburgo, por FinnAir, de la cabecera del asiento de adelante. ¡Qué verdad! Viajar es salir del círculo, tomar perspectiva, aclarar el pensamiento. Buscamos lo que necesitamos en el camino, nos vamos nutriendo de una persona, de un consejo, de una vivencia, cosas que nuestra vida nos pide y luego retornamos con todas esas historias y encontramos nuestro centro.

Valores

Recientemente José Enrique leyó en una revista escandinava sobre el valor que tiene el respeto en los países nórdicos y sus sociedades, como la base de todo. Fue una entrevista a Alexander Stubb, quien ocupó cargos políticos ministeriales importantes en Finlandia. Entre otras cosas, decía:

«Creo que todo se reduce a cómo te tratas a ti mismo y a los demás».

Esos países, afianzados en la cultura de respeto, tal como Finlandia, cuentan con prosperidad económica, los más altos niveles de transparencia de gestión, equidad, y con muy buen balance en su sistema de gobierno, impulsado desde las más altas esferas de poder, quienes sirven como ejemplo.

«Pocas cosas en la vida son más importantes que el respeto. Es la base de quién eres y cómo tratas a los demás y a tu entorno ».

«El respeto está presente en nuestra vida cotidiana, en la familia, en nuestro trabajo, en el gobierno, desde el momento en que nos levantamos hasta el momento en que nos dormimos».

«Todos los seres humanos son creados iguales y merecen respeto».

No sé si será el temperamento flemático del norte, la sangre fría, ecuánime y concentrada, o qué, pero cómo necesitamos en los países latinos un poco más de respeto por el otro y a veces por nosotros mismos. A nosotros la sangre nos hierve en la venas, y eso nos hace ser impulsivos a veces. Si comenzamos por respetarnos todos, mutuamente, con tolerancia, reconociendo nuestras diferencias, pudiéramos contribuir con un cambio de conducta y actitud cívica que haga que nuestra convivencia sea mucho más placentera y se comiencen a desarrollar espacios comunes de prosperidad y progreso para todos.

«El respeto que le das a los demás es el claro reflejo del respeto que te das a ti mismo».

Rusia, la inabarcable

Luego de una breve parada en Helsinki, llegamos a San Petersburgo, Federación Rusa. *Ok*, ahora sí que no entendíamos nada de nada. Ni siquiera el alfabeto es igual al que conocemos. Qué emoción, qué miedo, qué incertidumbre. Las dimensiones son enormes en todo y para todo. Menos mal que el día anterior había escrito al hotel y todo estaba bien, o por lo menos eso pensaba en ese momento. Pedí un carro para que nos esperara en el aeropuerto, para estar tranquilos. Llegamos y nadie nos esperaba….. Es en serio, esto nos pasó: estuvimos media hora esperando, hasta que por fin un señor barrigón y sudoroso entró por la puerta del aeropuerto con un papel arrugado en la mano y viendo para los lados. «Este es el hombre», pensé, y no me equivoque. El papel decía mi nombre y enseguida montamos las maletas en una van modesta pero suficiente y rumbo al hotel.

Todas esas vicisitudes que pasamos y, créanme, no serían las únicas, no nos definen, al contrario, nos forman, nos perfilan, nos hacen más resilientes, más tolerantes y más capaces de afrontar lo que venga. Nos hacen más fuertes.

Camino al apartamento que alquilamos íbamos tratano entre señas y "nuestro ingles" de comunicarnos lo que pudimos con el conductor, preguntándole acerca de Rusia. Luego, por alguna razón que no nos percatamos, la policía detuvo el vehículo, le solicitaron los papeles al chofer, únicamente a él, luego bajó del carro e ingresó en la patrulla de policía. Jose Enrique me miro, yo me encogi de hombros y casi al instante el hombre bajo de la patrulla sin darnos chance a pensar entre tanto agotamiento. El conductor se monto en el carro y, como si nada, desconociendo lo que sucedió, continuamos el trayecto. Esto llamó nuestra atención al igual que algunas otras diferencias con lugares visitados. Por ejemplo, los lugareños no hacen el intento siquiera de conversar en otro idioma que no sea el suyo, y se perciben detalles como el mayor uso de la corneta del vehículo por cualquier cosa, uno que otro tubo de escape desajustado y botando humo, entre otras. Contrastes que vamos viendo a medida que rodamos por el mundo con los ojos bien abiertos.

Al llegar a nuestra morada nos encontramos con un apartamento situado en la calle Nevsky Prospect, muy céntrico. El edificio era muy pero muy antiguo, de la época del gran imperio de los zares. De hecho, le estaban haciendo mantenimiento a las escaleras y había andamios, polvo y escombros por la remodelación, pero el apartamento ya estaba todo remodelado y tenía todas las comodidades. Por eso, no te dejes llevar por las apariencias externas del lugar donde decidas alojarte: puedes conseguir muchos lugares convenientes, ajustados al presupuesto, limpios, buenos, remodelados y bonitos.

Una vez en el apartamento, nos conseguimos con nuestra casera, una rusa muy simpática, quien durante los veranos trabaja en Barcelona, por lo que dominaba muy bien el castellano. Gracias a Dios.

En todos los lugares nos solicitaban diferentes cosas. Aquí nos pidieron un depósito y la firma de un contrato de arrendamiento por tres días. La particularidad es que el documento estaba redactado en ruso, cuestión que lo hacía imposible de entender. José Enrique se dio a la tarea de traducir palabra por palabra con la casera y así fue cómo firmamos.

Estuvimos caminando por San Petersburgo, ninguno de nosotros lo conocía, y para ser sincera, me sorprendió positivamente, porque mi concepción de Rusia era la de un país deprimido, frío y gris. El clima de aquel día fue muy clemente, nos encontramos con una ciudad imperial de grandes edificaciones que muestran un pasado de ostentación y lujo, y un presente más austero y coherente.

Es muy interesante ver todos esos castillos, catedrales y palacetes, que en la época de su construcción escondían tantos secretos de las vidas de sus dueños, conservados y convertidos algunos en museos, otros en oficinas del Estado, pero recordando que allí hubo una historia, con sus cosas buenas y sus cosas malas, pero sentí que los habitantes de la ciudad respetan y valoran su historia positivamente. Me gusta la forma cómo han resguardado la arquitectura de todas las edificaciones y los que hoy podemos visitarla lo apreciamos y lo agradecemos.

Tomamos el *city tour* y lo recomendamos ampliamente en viajes con niños, pues fue la manera ideal de conocer la ciudad. Los niñitos no se cansaron tanto caminando, pudimos tomar fotos desde el segundo piso del autobús (buena altura para las fotos), y con los audífonos pudimos saber la historia que envuelve estas edificaciones maravillosas y alguno que otro chisme amoroso de Catalina la Grande, sus conquistas y amoríos entre los castillos de invierno y de verano, un lujo envuelto en romance, contado en perfecto español castizo por la grabación del turibus.

Al momento de comprar comida, fuimos a los mercados cercanos, nos guiábamos por el empaque, porque pocas marcas eran conocidas por nosotros, pero no tuvimos mayor problema.

Nuestro paso por San Petersburgo fue breve, y nos agarro bastante cansados luego de un *road trip* de muchas horas. Tal vez un viaje de cinco días hubiera sido lo ideal para conocer más a fondo esta ciudad. Emocionados, preparamos maletas para volar a París, ya locos por más calor, crepes y queso francés.

Nuestro vuelo llego puntual al aeropuerto Charles de Gaulle de París. Por todas las maletas, tomamos un taxi-van que nos llevó a la calle Raymond Poincaré, donde unos buenos amigos, Patrick y Alexandra, nos prestaron su estupendo apartamento por siete noches. Estábamos muy cerca de la Torre Eiffel, pero el cansancio del vuelo no nos dejó salir a verla aquel caluroso día del 2 de septiembre. Llevar a los niñitos a conocer la torre se convirtió en el plan obligado del día siguiente así como recibir a mi hermano que viajó de Lisieux, donde vive, para quedarse con nosotros un par de noches y disfrutar de la ciudad en familia.

Merci Gustave!

Clementina me había dicho hace un tiempo que quería conocer la Torre Eiffel, porque siempre ha tenido una atracción hacia ella. La torre es una obra arquitectónica increíble, construida por el ingeniero Gustave Eiffel para la Exposición Universal de 1889. Al principio, la población parisina de entonces consideraba que esta torre afeaba el paisaje y pensaron en retirarla. Pero con el tiempo, fueron encontrándole utilidad como antena de transmisión y hoy en día es uno de los principales atractivos turísticos del mundo, atrayendo a millones de turistas al año para admirarla. *Merci Gustave!*

Es increíble cómo un montón de hierro frío puede robar tantos suspiros y dejar boquiabierto al que tiene la suerte de admirarlo. Para mí tiene un efecto hipnótico, sencillamente no puedo dejar de mirarla. Clemen también siente lo mismo que yo, lo sé porque cuando la vio se quedó muda y sonriente. Es de tan grandes dimensiones que te deja sin palabras.

Luego de verla y tomarnos mil fotos (también se puede subir a la torre y tomar fotos panorámicas de la ciudad), caminamos por el jardín de Marte y tomamos unas deliciosas crepes con jamón y queso (*crêpe au jambon et fromage*) y de postre otra crepe con Nuttela. Hay muchas opciones gastronómicas en el lugar, porque es muy turístico, y la verdad esta es una opción bastante accesible en cuanto a precio (alrededor de 3 euros) y muy rica.

En la tarde, mi hermano nos invitó a un paseo por el río Sena en el Bateau Mouche. ¡Esto fue un súper plan! El día estaba soleado, hacía bastante calor y fue muy conveniente pasear cómodamente sentados, con el frescor del agua, admirando la arquitectura parisina.

Me contó mi hermano, el baquiano, que la Île Saint-Louis, una de las tres islas que se pueden admirar en el paseo, es un vecindario de alta alcurnia, un oasis de tranquilidad en pleno centro de París, donde en la heladería Berthillon se consiguen los mejores helados de la ciudad. También está el Hôtel Lambert, que no es un hotel como los que conocemos hoy en día: se le llama *hôtel* a un tipo de residencia señorial, palacete o mansión urbana habitada por una familia y su servidumbre; es el equivalente urbano del *château* campestre. El *hôtel* hay que diferenciarlo del *palais* (palacio), nombre que en Francia solo se aplica a residencias reales urbanas, como el Palais des Tuilleries, o a sedes de importantes instituciones como el Palais de Justice.

El Hôtel Lambert, una de las mejores mansiones en París, fue construido en 1640 por el arquitecto Le Vau y decorado por los pintores Lebrun y Lesueur, quienes trabajaron cinco años para decorar el interior. El emir de Qatar lo compró hace unos años y quería hacer muchas cosas en este monumento (cuartos de baño, garaje, ascensor, etc.), lo que generó una larga controversia con la ciudad de París y asociaciones de protección del patrimonio, hasta que el trabajo se redujo a proporciones más razonables.

Las otras dos islas son la Île de la Cité y la isla de los Cisnes. En todas ellas se puede apreciar una arquitectura exquisitamente conservada desde hace más de un siglo. Mi hermano nos explicó que estas mansiones se distribuían de la siguiente manera: en el primer piso llevaban vida los cocineros y amas de llaves, quienes atendían las actividades cotidianas; en el segundo piso de la mansión llevaban vida los dueños de casa, con habitaciones aireadas, ventanales amplios y jardineras. Luego, arriba, en el ático estaba el piso de la otra parte de la servidumbre (mayordomos, damas de compañía), con habitaciones más pequeñas y poco ventiladas. Por fuera las fachadas están adornadas con concreto y hierro, sin ostentación, de un gusto exquisito, un festín que pudimos disfrutar desde el bote.

Je ne parle pas français (vale para Homeschooling)

Los franceses nos parecieron muy serviciales y colaboradores, atentos y procurando ayudar al visitante.

A los franceses les gusta que les hables en francés. Particularmente me encanta cómo suena el francés, y como íbamos a estar varios días en Francia, investigamos varias palabras y expresiones, con la expectativa de aprender un vocabulario básico, y así salir una vez más de la zona de confort y aprender alguito de un idioma nuevo; al menos defendernos para pedir un baño, ir al mercado y saludar sin sonrojarnos.

Aquí te dejamos algunas expresiones que pensamos te pueden ser útiles en tu próximo viaje a Francia, porque les caerás mejor a los franceses, pues, como dijimos antes, ellos te sentirás cual parisino. Para la pronunciación usamos Google, colocamos la frase y oímos la reproducción.

¿Dónde está el baño? - *Oú sont les toilettes?*

¿Dónde está la iglesia más cercana? - *Y a-t-il une église près d'ici?*

Yo no hablo francés, ¿usted habla español? - *Je ne parle pas français, parlez-vous espagnol?*

No he entendido bien, ¿puede repetir, por favor? - *Je ne l'ai pas compris, pourriez-vous répéter s'il vous plaît?*

¿Cuánto cuesta? - *Combien ça coûte?*

Mi nombre es ... - *Je m'appelle...*

Soy de Venezuela - *Je suis vénézuelién*

¡Este lugar es hermoso! - *Cet endroit c'est beau!*

Estamos haciendo un viaje en familia - *Nous faisons un voyage en familia*

Los números del 1 al 10: *un, deux, trois, quatre, cinq, six, sept, huit, neuf, dix*

Pronombres personales:

Yo - *Je*

Tu - *Tu* (¡Por fin una fácil!)

Él/Ella - *Il/Elle*

Nosotros - *Nous*

Vosotros - *Vous*

Ellos/Ellas- *Ils /Elles*

Gastronomía francesa

Otro dato interesante, para un plan de sábado donde puedan llevarse una probada del *vibe* de la ciudad, es el famoso mercado de la 16eme Arrondissement (el distrito 16 de los 20 que componen París). Tiene una muestra de productos de la zona: pescados, quesos, jabones, flores, ropa y demás artículos. Nos sentimos como el parisino de a pie, regateando para comprar los insumos del día.

¡Los mercados en Francia son del más allá! Al parecer tienen fascinación por los lácteos. Las variedades de yogurt y de queso son bárbaras. Podíamos pasar horas escogiendo qué llevar. Pero si algo me encanta de los productos franceses (además de los quesos) son sus panes.

También hicimos un descubrimiento: una bebida refrescante que resulta de mezclar un jarabe dulce o sirope de diferentes sabores de frutas con agua gasificada Perrier, o simplemente con agua al gusto. No es nada dietético, pero nos volvimos asiduos a comprar esta combinación en todo nuestro periplo francés. Donde fueres haz lo que vieres, dicen por allí.

Muchas personas nos han preguntado cómo hacíamos con el tema del mercado y nuestras múltiples y cortas paradas, y cómo hacemos para calcular los menús y que no se pierda la comida entre un sitio y otro. Por ejemplo, en París estuvimos siete noches y preparamos diferentes menús: todo muy sencillo, pues no soy chef, y al término de nuestra estadía tuvimos que comprar un *kit* básico de insumos para seguir camino a los próximos destinos, donde también iba a haber cocina para preparar las comidas. Ese *kit* nos funcionó de maravilla, fue la salvación, y es una herramienta valiosa para ahorrarse muchos apuros en el camino, porque cuando vas en carro, pueden surgir imprevistos, como un mal tiempo, un accidente de tránsito en la vía que ocasione más tráfico, o que el GPS no encuentre la dirección que buscamos.

Un día llegamos a un destino, un pueblo pequeño, a las 10 de la noche, todo estaba cerrado y la nevera de la casa donde llegamos solo tenía agua. Nosotros, muertos de hambre despúes de comer sanduchitos con papitas en el carro, nos salvamos gracias a nuestro *kit* de supervivencia.

Este *kit* va en un bolso aparte y viaja cerca del alcance de la madre, preferiblemente, por si requiere algún artículo durante el trayecto. El *kit* incluye:

Artículos del hogar:
Un papel toilette (para el camino también es útil).
Un paquete de toallitas húmedas.
Un jabón pequeño para lavar platos.
Un jabón pequeño para lavar ropa.

(La mayoría de los apartamentos vacacionales vienen con estos insumos básicos, pero nos encontramos con que algunos no, así que lo mejor es llevarlo).

Cocina:
Sal.
Aceite de maíz pequeño.
Aceite de oliva pequeño.
Un paquete de pasta.
Un frasco de salsa para pasta.

Algún *snack* o galletas de soda.

Cereal.

Leche de larga duración.

Una fruta.

Sobrecitos de stevia.

Té.

(De esta manera, al llegar a la hora que sea tienes una cena y un desayuno ligero para el día siguiente).

Tengo un cuento con el té. Es una anécdota que surgió en este viaje loco, y me pareció insólita. Resulta que una vez estábamos haciendo la compra en el mercado y discutiendo sobre qué era realmente necesario llevar y qué no. José Enrique, al ver mi apego al té negro me dijo:

—Pero, ¿para que llevas eso? Tú no tomas té.

Lo miré por un momento, en silencio, a ver si rectificaba y me decía que estaba bromeando conmigo… Pero no, era en serio. Le respondí:

—José Enrique, yo tomo té todos los días de mi vida.

Y después caí en cuenta de que yo tomaba mi té después de que él se había ido en la mañana al trabajo, entonces nunca me veía tomarlo y por eso no podía saber que yo tomaba té, porque mi rutina del té no coincidía con la suya a esa hora de la mañana. Y tampoco hacía la compra del mercado, yo la hacía siempre, así que por allí tampoco podía saberlo. O quizás en el apuro de las carreras diarias no se había parado a verme tomar el té que a veces me tomaba en la noche, como tal vez yo me habré perdido de alguna rutina suya. Me resultó gracioso darme cuenta de que todavía, después de casi 13 años de casados y cuatro de novios, hubiera cosas por conocer el uno del otro. Son parte de nuestras ordinarias y cotidianas rutinas, pero toman importancia porque ponemos atención. Me encantó que callera en cuenta de esa pequeña rutina tan mía y que nos pudiéramos dar el lujo de ponernos atención. Entonces le dije:

—El té no es negociable.

Volviendo a nuestro recorrido por París, tuvimos la suerte de visitar la Iglesia de Notre Dame de manos del mejor guía. Patrick es muy amigo, compadre de mi hermano y es el actual sacristán de Notre Dame. Nos dio un *tour* muy detallado dentro de la bella iglesia del estilo gótico más puro, ícono de la ciudad. La iglesia atesora una reliquia de la corona de espinas y uno de los clavos que sirvió para la crucifixión de Cristo. ¡Impresionante!

Dios también está en las parejas

Al terminar nuestro recorrido, Patrick nos invitó a merendar en su casa. No nos imaginábamos el regalo que íbamos a recibir con esa visita. Al entrar en su apartamento nos recibió su esposa, Josephine, una mujer muy joven, con una sonrisa dulce y fresca, y nos presentó a sus tres hijas. Nos estaban esperando con la mesa servida, llena de chucherías para los niños y té para los adultos. Los niños hicieron clic inmediato y se pusieron a jugar entre ellos. Nosotros quedamos fascinados con su historia de vida.

Josephine y Patrick se conocieron cuando Patrick estaba en el seminario, preparándose para el sacerdocio. La casa donde vivía

Josephine, en Île Saint Louis, quedaba enfrente del seminario. Ella iba a misa todos los días y lo veía. Sus rasgos indios la cautivaron desde la primera vez que lo vio, nos contó nuestra nueva amiga.

Josephine proviene de un hogar católico pero no muy practicante, pero tuvo una experiencia de conversión al leer la historia de Santa Teresita de Lisieux. Al terminar de leer el libro lloró mucho y su vida cambió para siempre. Por supuesto, Patrick nunca llegó a ser sacerdote, todo cambió cuando sus vidas se cruzaron. Ellos transmiten ese amor que es tan grande que sobrepasa toda adversidad, donde la felicidad del otro es lo más importante y lo espiritual prevalece sobre lo material. Ambos tuvieron ese llamado de fe que los mantiene unidos y fuertes, rezando el rosario diario y asistiendo a misa frecuente. Transmiten mucha paz.

Al salir de allí, y quedarnos fascinados con su amor, decidimos empezar a rezar el rosario todos los días. Ellos nos inspiraron, y así lo seguimos haciendo desde entonces. Al principio nos parecía que no íbamos a poder, que se iba a hacer muy largo y tedioso para los niños, pero hoy en día son ellos quienes nos recuerdan rezarlo.

Rezar en familia nos ha traido paz familiar, es un momento de contemplación interna que nos acerca a Dios, nuestro lugar y espacio diario para seguir juntos, unidos, y nos ayuda a mantener el foco en lo espiritual ante lo material.

* * *

Muy cerca de Notre Dame está la librería Shakespeare and Company, en la 37 Rue de la Bûcherie. Está un poco escondida, pero por favor no la pierdas de vista. Si amas el papel, este es un punto obligado a visitar. Es un laberinto que sube y baja, donde se pueden encontrar ediciones limitadas, viejas, usadas, nuevas, de todo. Por su originalidad y riqueza en títulos, lo recomendamos ampliamente. Además tiene un rinconcito espectacular para la lectura infantil, tanto que tuvimos que negociar para sacar a los niños de allí.

El último día en París, caminamos hacia Le Jardin d'Acclimatation. Lo hicimos por recomendación de una buena amiga, Alexandra, que conoce muy bien la ciudad. Pasear por este parque, que estaba cerca de la casa, fue una excelente opción para los niños, porque tiene mucho espacio para que corran y se diviertan. El parque está dotado con animalitos, bellos jardines, lagos, atracciones, puestos de comida, camas elásticas y un trencito que pasea por los alrededores. Fue un buen plan para despedirnos de París, caminarla y estar en contacto con la naturaleza.

París nos permitió reencontrarnos con viejos y muy buenos amigos, tal como lo hicimos a lo largo del viaje en los lugares que visitamos, porque de eso se trata esta aventura también, de compartir momentos especiales con personas queridas. ¡Para cuándo lo vamos a dejar!

Por eso también estuvimos a las afueras de París, en Saint Germain, con unos excelentes anfitriones que ya nos habían atendido espléndidamente otras veces: Efraín y su esposa Alex quienes, junto con sus hijos César y Pablo, hicieron de nuestra tarde una velada encantadora. Compartimos su casa al estilo *cottage*, una construcción muy bonita y antigua con vista a toda la ciudad donde, al atardecer, se puede percibir, la punta de la Torre Eiffel, que con la potencia de su faro alumbra perfectamente a estas zonas remotas del suburbio.

Fuimos a misa de domingo a las 11 a.m. en la iglesia de St Helier. Es muy bonita, fue restaurada en 1960 y posee unos vitrales impactantes que representan a Juana de Arco, Anselmo de Canterbury y San Francisco de Asís.

Mientras caminábamos de regreso a la casa reflexionamos sobre el valor de perdonar.

«Cuando tú perdonas a alguien que te ha ofendido mucho, ¿cuánto te cuesta perdonar? ¿Lo haces a regañadientes, o bien con alegría? ¿Tienes el coraje de dar el primer paso para la reconciliación, o bien esperas a que el otro te pida humildemente perdón?».

«El mensaje de la misa, a través de las parábolas de la oveja perdida y del hijo pródigo, es de gran alegría y paz: Dios es feliz perdonando a los pecadores. Los acoge y los abraza. Es lo que ha hecho con nosotros. ¿Cuántas veces? ¿No podemos hacer lo mismo nosotros, los unos con los otros?».

«Dios se alegra al perdonar».

* * *

París nunca cansa y esperamos poder visitarla otra veces más para seguir caminándola, sintiéndola; es una ciudad muy vibrante que hechiza a quien la visita.

Llegó el día de abandonar París y era inevitable sentir un "*blues*", porque es una ciudad que te arropa con su *glamour* y su saber estar. Con nuestro espíritu aventurero a mil, vidrios abajo para recibir el aire del campo, nos lanzamos a la carretera rumbo al norte: Normandía, allá vamos. Segundo *road trip* del viaje.

Hasta ese punto, llevábamos 62 días de viaje y 16.775 km recorridos desde que salimos de Caracas. Eran muchas las vivencias y apenas iba un tercio del viaje. Esas vacaciones-no-vacaciones fueron intensas, como queríamos, como necesitábamos.

Saliendo de París nos agarró mucho tráfico, y lo que pensábamos que nos iba a tomar cuatro horas de trayecto se convirtió en seis. Por fin llegamos a Beuzeille, el pueblito que nos iba a albergar por 10 días. Este pueblito tiene, a lo sumo, 1.000 habitantes, una panadería, una iglesia, cada uno de los servicios básicos. Era muy remoto y estaba rodeado por fincas de vacas y chivos, pero estratégicamente ubicado cerca de las playas más *chic* del norte de Francia: Honfleur, Deuville, y de Treauville, que están a 20 minutos en carro. Allí nos esperaba nuestro *host*, Maxcence, quien muy atento y cordial nos mostró la casita y nos dejó vino de la región, pan, queso y mermelada. Nosotros no podíamos creer que esta era nuestra vida, que estábamos en medio de Normandía, en una casa campestre, rodeada por vacas, chivos y moras. Estábamos realmente felices, nos parecía un sueño lo que estábamos viviendo.

La casita bien vale que la describa en detalle, además te mereces ser transportado con mi descripción, para que de alguna manera sientas la paz y la felicidad que nosotros sentimos esos días. Al entrar nos encontramos una salita mínima pero acogedora, con una biblioteca de libros de arquitectura y de viajes, lo sé porque he desarrollado un placer culposo por revisar la literatura de cada casa en la que nos quedamos porque es como conocer un poco a los dueños. A veces es impersonal, son apartamentos destinados solo a alquiler y no tienen nada, pero otras veces son casas de vacaciones de familias, y esas son las más interesantes. Entre los libros, a veces me encontré dibujos, notas, cosas íntimas de nuestros *hosts*, que nos hacen conocerlos más a fondo, sus costumbres, sus pensamientos, y de alguna manera nos nutrimos de ellos. Nosotros vamos dejando también dibujos de los niñitos, notas, estampas religiosas que nos han acompañado, es como un ritual de cadena de favores: yo te doy y tú me das, un intercambio de información privilegiada del corazón.

En el escritorio nos encontramos con una máquina de escribir antigua que tenía un papel de parte de Maxcence, con una nota que decía:

beuzeville, september.
welcome claudia and the little family!
I am an old typewriter over a hundred years and still sing my keys in this little house without my capital!
I wish you small moments of happiness in the discovery of normandie by the pretty country roads.
I also hope you'll feel great in the little house!
now, take a large norman fresh air, take a deep breath, you're home!
M.

La habitación principal era espaciosa y cómoda, en tonos azules y grises. Al subir la escalera tenía un ático con dos habitaciones y un cuartico con juguetes donde se acomodaron los niñitos. La cocina y el baño tenían todo lo necesario, pero lo mejor eran las ventanas, por las que veías el jardín de la casita, con un columpio guindado del árbol y un juego de comedor para comer afuera en esta época del año. En la sala había una televisión que, para nuestro asombro, no encendimos en toda nuestra estadía. Estuvimos ocupados, alimentando a los chivos de la casa de al lado, recolectando moras en la mañana de los arbustos silvestres y visitando los pueblitos cercanos y la playa. Fueron días inolvidables que sin duda quisiéramos repetir algún día.

Entre los lugares que visitamos y recomendamos está Honfleur, ciudad portuaria a 10 minutos de Beuzeville, en la parte sur del río Sena, que une la ciudad con El Havre. Resulta imperdible visitar el antiguo puerto, que inspiró a artistas reconocidos como Boudin o Monet, quien fue uno de los primeros en pintar al aire libre y contribuyó con el surgimiento del movimiento impresionista.

Allí también se encuentra la iglesia de Santa Catalina, que es muy bella y es la iglesia de madera más grande de Francia. Data de la segunda mitad del siglo XV, construida poco después de la Guerra de los Cien Años a través de la utilización de elementos de construcción naval, dando la apariencia de un casco de barco invertido. Caminar por estas calles empedradas, con construcciones en pie desde el siglo XV, nos hace viajar en el tiempo e imaginar cómo era la vida en esa época. Hoy en día, los habitantes de estas zonas viven vidas muy sencillas, en contraste con las grandes ciudades. Nosotros observamos y reflexionamos: a veces, menos es más.

Pasaban los días y decidimos visitar las playas cercanas. Fuimos a Deauville, Trouville y Cabourg; playas con bastante retiro donde los niños pueden jugar en la arena y ver cómo sube increíblemente rápido la marea. Tienen un oleaje muy suave, lo cual también las hace muy aptas para niños. Son balnearios muy famosos, con todas las comodidades y servicios, incluso tienen hasta casino en el pueblo.

Hay que probar el licor de calvados, es caliente y dulce, como para el frío que pega en invierno por esa zona. Lo producen en la zona de la sidra de manzana.

Otra visita obligada estando por Normandía es la excursión al castillo de Mont Saint Michel, ubicado al oeste. Esta isla rocosa, en cuyo seno hay una abadía dedicada al culto del Arcángel San Miguel, está declarada como Patrimonio de la Humanidad por la UNESCO, por sus numerosas edificaciones prodigiosas en cuanto a arquitectura se refiere. Se puede llegar allí en carro, como nosotros, pero también hay excursiones muy bien organizadas desde París en autobús.

A media hora de nuestra casita, en Lisieux, estaba viviendo mi hermano Luis, entonces aprovechamos para visitarlo bastante y conocer su casa. Los niñitos querían conocer dónde vivía el tío Zalo.

En esta pequeña ciudad se encuentra el santuario de Santa Teresita de Lisieux, mejor conocida como Santa Teresita del Niño Jesús. Fue una religiosa carmelita descalza francesa declarada santa en 1925 y proclamada doctora de la Iglesia en 1997 por el Papa Juan Pablo II. El santuario es una belleza, allí se encuentran sus restos y los de su padre y su madre. Le pedí con mucho fervor por la recuperación de Nacho, que por esos días estaba caminando todavía choreto y se seguía quejando de dolor por las noches. Recuerdo con angustia esos momentos, pero nunca demostramos preocupación ante Nacho, para que él no se angustiara. Ante él nos mostrábamos firmes y le decíamos que no tenía nada, que terminara de mover esa pierna de una buena vez.

El tío Zalo invito a sus sobrinos a un zoológico. Cerza Parc Zoologique es un zoológico en el que un trencito nos fue paseando por espacios abiertos donde los animales estaban en su hábitat natural y los pudimos apreciar de cerquita. También hay otra parte donde pudimos tener contacto y darle de comer a animalitos como jirafas, cochinos, gallinas, chivitos, y pudimos entrar a un aviario con cientos de especies de pájaros que nos sobrevolaron. ¡Fue una experiencia espectacular! De nuestros hijos, Clemen es la más aprensiva con los animales, así que esta oportunidad la aprovechamos para ayudarla a superar sus miedos. Al final de la tarde le dio comida a la jirafa y le resulto muy divertido.

Más sesiones de escuela en casa

El día antes de irnos, aprovechamos el clima de verano y el jardín para hacer una sesión de *homeschooling*. Mis gritos llegaban a la luna, perturban la paz que reina en este pueblo de campo. Pobres vecinos, ellos no están preparados para una mamá latina que perdió la paciencia.

Ahora bien, este libro no es una guía sobre las bondades de aplicar este método educativo, por lo que si estás buscando estrategias sobre cómo aplicar exitosamente el *homeschooling* en tu hogar, estás en el libro equivocado. Te sugiero buscar libros especializados, que hay a montones. Pero si lo que quieres es ver por un huequito cómo es aplicado este método por una madre real que no es maestra, pues estás en el sitio indicado.

A lo largo de este libro, te develaré mis secretos, mis *tips*, lo que me ha funcionado, pero también mis frustraciones, mi impotencia en algunos casos, y de cómo he aprendido a conocer más a mis hijos siendo su «maestra» en este tiempo. Te servirá para verte reflejado en mi ejemplo, que no necesariamente es el mejor, pero es una referencia válida que puedes contrastar con tu experiencia propia y sacar conclusiones valiosas en torno a la decisión de aplicar este método o no en tu caso.

No es fácil, por el contrario es muy difícil, requiere de mucha paciencia, dedicación y disciplina. Pero es gratificante ver que lo puedo lograr, cuando puedo encausarlos hacia el objetivo del día, y me resulta hasta educativo para mí, porque debo tener la materia al día para poder enseñársela a ellos. ¡He repasado toda la primaria!

Te voy a describir una sesión de *homeschooling* de cualquier día ordinario: previamente preparaba las clases de los diferentes niveles educativos, siguiendo las guías que me dieron los respectivos colegios, y las sesiones eran de aproximadamente tres páginas tamaño carta.

Después de desayunar, recogíamos la cocina, nos lavábamos y nos sentábamos en la misma mesa los niñitos y yo, o los niñitos y su papá (yo les daba lenguaje y matemática, y José Enrique les daba inglés y valores). Luego repartía las tareas y les explicaba lo que debían hacer. Con Nacho muchas veces me debía quedar para ayudarlo porque no tenía todavía el hábito de estudio suficiente para quedarse sentado tranquilo hasta terminar la tarea. Después de aproximadamente 10 minutos, aclaraba las dudas que puedan tener y trataba de mantener su interés con premios como calcomanías, algún caramelo, o un futuro plan de piscina o parque, y así en esa negociación los mantenía sentados.

Pasamos por etapas en las que la materia se volvía un poco más compleja y me tenía que sentar con cada uno por separado. De esta manera la sesión se vuelve más larga, entonces dedicábamos un día completo a ella.

Aun así, me di cuenta de que las mejores horas para las sesiones eran las de la mañana. Una vez tratamos en la tarde y fue ¡catastrófico! A esa hora es más difícil que se concentren, están cansados de todo el día, y luego les cuesta conciliar el sueño porque están súper estimulados, es decir, no lo recomiendo en absoluto.

También es importante tener en cuenta que estas son clases personalizadas, así que la expectativa debe ser que cada niño termine a su ritmo. Por lo tanto no debemos comparar si uno termina primero que el otro, porque luego vienen las frustraciones porque no terminó a tiempo y puede generar rivalidad entre los hermanos. Además, ellos nos ven como sus padres y es vital poner límites y decirles explícitamente que en el momento de las sesiones somos sus maestros y deben respetar las normas de las clases.

Sin embargo, aunque todo eso está muy bien, a la hora de la verdad, todo se puede salir de control y está bien si se para la sesión y seguimos más tarde o al día siguiente. Lo importante es la constancia. Nosotros nos pusimos como meta hacer cuatro sesiones semanales y así mantuvimos una especie rutina dentro de la flexibilidad de nuestra realidad de vida viajera.

Espero nuestra humilde experiencia les sirva de referencia en su incursión en este mundo de la enseñanza. No me canso de admirar a lo profesores, que paciencia!

* * *

Llegado el día de abandonar la casita, continuamos nuestro viaje de carretera francés rumbo al río Loira, donde nos dijeron que había unos castillos que debíamos ver. El río Loira es el más largo de Francia, con 1.006 km de longitud, y atraviesa buena parte del país. Cargamos la camioneta con las maletas y el *kit* de supervivencia, por supuesto. La camioneta, nuestro tercer carro del viaje, era una Peugeot gris que obtuvimos a través de un *lease*, la recibimos cero km, a nuestro nombre y fue la opción más económica que conseguimos. Además, luego recibimos una buena consideración económica, un descuento que nos vino muy bien a nuestro limitado presupuesto. Para distraernos en el camino, fuimos haciendo cálculo mental y algunas preguntas que sirvieron de *homeschooling*, como cuál sería el próximo destino a visitar.

Estuvimos cuatro días en el sur del río Loira, donde hay muchos castillos, y nos quedamos en una casa muy antigua en Lassault-sur-Loire, un pueblo muy pequeño y apartado. Nuestra *host* nos dejó la llave en una mesa en la entrada de la casa a puertas abiertas. Así de sencillo fue cómo llegamos y entramos. De hecho, nos equivocamos de casa y así mismo salimos, luego entramos en la correcta. Nadie interfiere, todo fluye, y eso fue una novedad para nosotros que venimos de encerronas por la inseguridad reinante en nuestro país de origen.

El pueblo era pequeño y tranquilo a mas no poder. Esta especie de retiro fue perfecto para ponernos al día con los estudios de los niñitos: actualizarnos con temas de pagos pendientes, trabajar y reflexionar sobre el viaje y sobre qué íbamos a hacer en el futuro. Jugamos fútbol en los campos junto a los caballos. Pensamos mucho.

Por aquel entonces todavía me cuestionaba nuestra decisión de haber hecho el viaje. ¿Sera que hicimos lo correcto? Me preguntaba adonde nos iba a llevar. Pero luego veía las caras de mi familia y todo valía la pena. Como dice José Enrique, estábamos realmente viviendo la vida, y era normal tener dudas de vez en cuando, porque lo que estábamos haciendo no es común, y mucha gente nos veía como si fuéramos locos, porque nuestros hijos no estaban en el colegio y estábamos de viaje durante un año. Lo positivo era que cuando a mí me atacaba la duda, José Enrique tenía el argumento adecuado para encausarme de nuevo y viceversa; parece que se da por sentado esta retroalimentación pero es de lo más difícil de lograr.

Pero todavía nos quedaba por rodar y por aprender de la aventura. Como dicen por allí: «nadie nos quita lo bailado» y con nuevo aire seguimos descubriendo nuevas tierras y conociéndonos más a nosotros mismos. Por ejemplo, en aquellos días, Clemen descubrió que le encantan las uvas.

En Loira visitamos el catillo de Chenonceau, que recibe el nombre de Castillo de las Damas por las seis mujeres que lo habitaron a lo largo de cinco siglos. Entre los más destacados de los muchos castillos del Loira están:

Saumur: erguido sobre un monte, el castillo domina un amplio tramo del río así como la ciudad que se extiende a sus pies.

Amboise: el castillo de esta ciudad fue residencia real en los siglos XV y XVI. Los saqueos de la Revolución lo dejaron en ruinas.

Blois: el castillo del siglo XI alojó la corte de Luis XII a inicios del siglo XV. El patio tiene una galería de pilares ornados con relieves.

Hay en total 71 sitios turísticos a lo largo del rio Loira, de los cuales aproximadamente 40 son castillos, pero también hay abadías, basílicas y museos.

* * *

Seguimos bajando en nuestro recorrido por Francia. Al no tener agenda y para ahorrar algunos euros, no tomábamos las autopistas sino las carreteras libres de peajes, pues no nos importaba mucho tardarnos más en llegar, además de disfrutar al entrar y salir de pueblitos primorosamente mantenidos en el tiempo mientras avanzábamos en nuestro camino al sur. Por eso llegamos tarde en la noche a Raissac d´Aude, al sureste del país, un pueblito recóndito cerca de la ciudad de Carcasona. Llegar hasta allí fue un peregrinaje porque el GPS no ubicaba la dirección exacta y solo nos arrojaba la calle, mas no el número de la casa donde íbamos, así que nos tocó adivinar el camino como parte de la aventura. Pero así llegamos a un pueblo que a las 7:30 de la tarde, aún con claridad, estaba completamente desierto. Dimos vueltas por las cuatro calles que lo componían y no lográbamos dar con nuestro destino. Hicimos guardia en busca de alguno de sus 244 habitantes que nos pudiera dar luces para encontrar el camino. Ni un alma. A lo lejos, husmeando en la ventana de una de las casas, vimos a una señora sentada, fumando un cigarrillo. Corrí a preguntarle sobre la dirección, pero no hablaba inglés, solo francés. Le enseñe la dirección por escrito y me hizo señas con la cabeza de que no conocía ningún sitio con esa dirección... Estábamos oficialmente perdidos, cansados y ya a las 8:30 p.m. estaba anocheciendo.

En un arranque de intuición le dije a José Enrique que tomara el camino de tierra que parecía no tener mucho tiempo de haberse transitado. Comenzamos a rodar, total, no teníamos nada que perder, igual estábamos perdidos.

Luego de rodar siete u ocho minutos en la oscuridad, en una boca de lobo, ¡eureka! Vimos un letrero de madera con el nombre del sitio escrito en letra cursiva, Le Aube des Temps ponía, y una flecha indicativa. Rodamos un poco más. No habían casas por allí, solo terreno, hasta que al final del camino se vio una luz que era nuestra posada. Pero aún no sabíamos las sorpresas que nos íbamos a encontrar la mañana siguiente: estábamos rodeados de sembradíos de uvas, ¡era un viñedo!, donde también había olivares (con lo que nos gustan las aceitunas). Y así la boca de lobo de la noche anterior se trasformó en nuestro paraíso.

Se trataba de un pequeño viñedo regentado por sus propios dueños y acondicionado con cuatro apartamentos de alquiler. Celine, la dueña del lugar, nos mostró cómo hacen el vino, una pequeña producción de un vino exquisito al que le auguramos un excelente desarrollo futuro. Los niñitos aprendieron cómo era el proceso desde la vendimia, el procesamiento de la uva, su fermentación y el embotellado. Degustamos el buen vino y las ricas aceitunas. Esa fue nuestra clase de *homeschooling* ese día.

Tuvimos acceso a jugar ping pong, tenis, ¡y piscina y bicicletas para todos! Nacho todavía no podía mover bien la pierna derecha, así que fue jalado por su papá en una carrucha que encontramos, lo cual nos permitió dar el paseo los cinco. Yo rodaba, recibiendo la cálida brisa en la cara, rodeada de viñedos cargados de uvas frescas, recorriendo la ribera de los ríos aledaños, y de nuevo me veía en una visión extraordinaria de mi vida, donde sentía que todo eso lo estaba soñando y en cualquier momento me iba a despertar.

Visitamos en bicicleta pueblitos primorosamente mantenidos en el tiempo, habitados mayormente por personas de la tercera edad, cuyos hijos, me imagino, estarían en Paris, la gran ciudad. Al pasar veíamos a estos viejitos en el portal de las casitas, ataviados de tarde y perfumados de flores, para vernos pasar. Quizás se preguntarían quiénes serían esos forasteros, de dónde vendrían; seguro fuimos la novedad, les dimos de qué hablar para toda la semana sobre la familia que pasó en bicicleta por el pueblo donde no pasa nada.

La duda: ¿hacíamos lo correcto?

Todo iba bien en nuestras vacaciones-no-vacaciones… hasta que me atacaron las dudas de nuevo y comencé a experimentar lo que llamé **el síndrome de las vacaciones interminables**.

En aquellos días vi fotos de los amiguitos del año escolar pasado de mis hijos, con sus uniformes pulcros y peinados impecables, y esto me hizo sentir culpable porque mis hijos no estuvieron el primer día de clases. Me sentí culpable por extraerlos de sus vidas ordinarias como las conocían y arrastrarlos a este torbellino de sueños, a este plan que no conoce de rutinas ni horarios. Me sentí responsable de su posible embrutecimiento, de nuestra posible ruina económica, me dije loca a mí misma por arrastrar a mi familia a esta aventura. Esa noche no pude dormir.

Nuestros objetivos con este viaje estaban más que claros, y a medida que pasaba el tiempo y los destinos, íbamos convenciéndonos de que esta había sido una gran idea, por todo lo que nuestros hijos estaban aprendiendo, por todo lo que nosotros como pareja estábamos compartiendo y que nos hacía compenetrarnos aún más. Sin embargo, experimenté una extraña sensación de estar de vacaciones constantes, extrañaba mi cama (todavía la extraño, la verdad), y digo que contrariamente a lo que se pueda pensar, no es nada agradable esa sensación de no regresar a casa… No es solo el no regresar, es una sensación de no estar haciendo nada, de estar perdiendo el tiempo, de que mis hijos no estaban yendo al colegio, y que a pesar de que en un día hacíamos ejercicio, *homeschooling*, estudiábamos y conocíamos nuevos lugares y aprendíamos nuevas cosas, no era suficiente y tenía que hacer algo productivo con mi vida.

¿Será que me estoy volviendo loca? ¿Será el cliché de querer lo que no se tiene? Si estoy en la rutina escolar quiero vacaciones, si estoy en modo aventura quiero rutina. Qué complicada es la mente humana. ¿O seré complicada yo solamente?

—Acuérdate que estamos sin agenda –me dijo mi esposo sin mirarme, como para no contagiarse de mi inseguridad.

Él tenía razón, nuestra agenda era estar sin agenda, darnos el permiso de utilizar el tiempo para estar el uno para el otro. Cuesta acostumbrarse, no al principio, sino a aquella altura del viaje, cuando te das cuenta de la magnitud de este proyecto familiar. Me repetía varias veces que no eran vacaciones, que era un estilo de vida diferente al que había que adaptarse. Ese día, creo, me di cuenta del costo emocional del viaje, el desprendimiento y la valentía que requiere una aventura así, para empezar una nueva etapa de crecimiento personal y familiar.

Compartir mis pensamientos me hizo darme cuenta de que soy humana, y no es tan fácil como decir «nos vamos un año de viaje» y ya; hay un proceso de adaptación y transición por el que pasé. Sin duda, ya no era la misma que salió en julio de 2016.

Tal vez el día de mañana decidas emprender con tu familia este proyecto y me parece simpático pensar que puedo ayudar a que este proceso de adaptación sea más fácil para ti por el solo hecho de compartirlo.

Lo que sí te aseguro es que es emocionante, y vale la pena hacerlo, porque nunca vi a mi esposo tan feliz y a mis hijos reírse tanto, y eso es colirio para mis ojos y música para mis oídos.

Luego de ese asalto de locura, volví a la cordura, con aire renovado, a vivir el momento y con un hambre de aventura voraz.

* * *

Visitamos las playas de Narbona y Fleury, y la ciudad amurallada de Carcasona. Montamos bicicleta muchas veces por todos esos viñedos bañados de sol. Esa oportunidad era única y pensaba vivirla al máximo.

Llegó el cumpleaños de Kike, el primer cumpleaños de la familia sin agenda. Fue muy especial y sobrecogedor darme cuenta de que no necesitamos tantas cosas para hacer de un cumpleaños un momento especial. Tantas veces nos complicamos con invitaciones, adornos, atracciones y demás parafernalia, cuando lo que realmente nos hace felices son las cosas más sencillas. Le preparé una torta de fresa y dulce de leche como me la pidió, envolvimos en papel de revista unas barajitas de futbol y le preparamos una tarjeta diciendo por qué era tan especial para nosotros. Hicimos todo lo que él quiso ese día. Nos pidió un juego de fútbol familiar, montar bicicleta todos juntos y terminar en la piscina. Y así lo hicimos. Creo que lo va a recordar toda la vida.

Los días siguientes los utilizamos para seguir recorriendo el sur de Francia y pasar la frontera hacia Italia. Pernoctamos en Menton, un pueblito cerca de los pirineos franceses. Al día siguiente amaneció lloviendo, entonces aprovechamos para descansar, pues el estar en carretera tanto tiempo nos había pasado factura: José Enrique estaba sufriendo de dolores de espalda, consecuencia de estar todo el tiempo manejando, montando y desmontando maletas.

Al día siguiente, ya más recuperados, salimos animados por la emoción de conocer un sitio nuevo.

Italia, ¿estás preparada para nosotros?

VIII

Mucha foccacia y un encuentro con Dios en la tierra

Octubre – Noviembre 2016

Entramos a Italia por los Pirineos, al norte, y el paisaje montañoso era sobrecogedor. Ya se podía apreciar la nieve en el tope de las montañas y fue la primera vez que nuestros hijos vieron la nieve. Luego de ocho horas de trayecto, muchas curvas, subidas y bajadas empinadas, por fin llegamos a Canzo, por donde pasa el lago Di Como, que es grandísimo y pasa por tres pueblos: Canzo, Como y Bellagio. Hay muchos miradores para admirarlo y tomar fotos espectaculares, y es que estos pueblos subsisten nutridos de su belleza y su atractivo turístico; son muy románticos y recomendable para *honey mooners*.

Visitamos por todo el dia Bellagio, el más *chic* de los tres. Tiene un muelle y a lo largo de él muchos restaurantes, hoteles y tiendas de lujo. Nos sentíamos como estrellas de Hollywood caminando por allí. De hecho, artistas famosos tienen casa en el lugar.

En una pequeña cafetería, comenzamos a degustar la deliciosa gastronomía italiana: probamos la primera pizza al horno de leña.

En general, el italiano es una persona muy cálida, es más gritón y relajado que el francés, y hasta un poco desordenado, nos encantó!. Al menos esa fue nuestra primera impresión al pasar la frontera de Francia a Italia, pues nos sentimos instantáneamente en casa, porque así somos un poco los venezolanos también.

Venezuela siempre presente

Dentro de nuestro *kit* de viaje siempre llevamos algún motivo o distintivo que nos hiciera recordar Venezuela, o mas bien algo con lo que los demás nos adintificaran como venezolanos. Una gorra, o una franela del tricolor nacional que orgullosamente portamos pretendiendo ser los mejores embajadores posibles, intercambiando con los lugareños que visitamos las bondades y lo maravilloso de nuestro país, siempre en positivo, buscando contagiar nuestra alegría venezolana, otra óptica distinta a la que dan las noticias sobre nuestro pais, porque somos mas que petróleo, viveza criolla y crisis.

Siguiendo el recorrido

En la vía nos causó mucha risa que una vez estábamos pidiendo una dirección y preguntamos a cuánto tiempo estaba el lugar que buscábamos. Y nos respondieron: «a qué velocidad quieren ir». En Italia el límite de velocidad es un detalle, no le hacen mucho caso y en las grandes ciudades controlan mucho la velocidad porque al italiano le gusta correr, pero en las provincias se relajan un poco y no hay tanta vigilancia.

Bordeando el lago nos encontramos con el museo del ciclismo y con una pequeña capilla adornada con ruedas de bicicleta, cadenas y demás accesorios ciclísticos. Se trata de la capilla Madonna del Ghisallo, patrona del ciclista. En ese sitio hay un mirador imperdible a la hora de capturar una buena foto del lago.

Para nosotros el Lago di Como fue un *stop* corto: solo dos noches, y pienso que es suficiente tiempo para conocer bastante bien la zona.

Al día siguiente, día de San Francisco de Asís, salimos temprano a la carretera, rumbo a Venecia. Ya teníamos un mes rodando desde París y todavía nos quedaba un mes más de *road trip*. Pensándolo ahora, en frío, pienso que nos expusimos bastante, con muchas horas de autopista, donde luchábamos contra el sueño, escuchando canciones en francés y en italiano. Ya tenemos un *soundtrack* bien variado de este viaje, que incluye canciones tan diversas como lo son nuestras experiencias. *Oro nero* y *Siamo unichi* son dos que vienen a mi mente ahora y que tarareaba Kike balbuceando el italiano. Hoy, un día cualquiera las recordamos y las cantamos por pedazos, y nuestra mente viaja otra vez a esas vías que nos acompañaron e hicieron que la via no pesara y encarrilaron nuestra felicidad.

En Venecia, ubicada al noroeste de Italia, en el norte del mar Adriático, nos quedamos a dormir en Mestre. Esta es una manera económica de conocer Venecia, ya que quedarse a dormir en la propia ciudad es muy costoso. El plan fue dejar el carro en la casa y tomar el autobús, que en 20 minutos te deja en el casco histórico, declarado Patrimonio de la Humanidad por la Unesco.

Nuestro alojamiento era muy cómodo y conveniente, y aquí fue donde tuvimos que firmar nuestro segundo contrato de arrendamiento por una estadía de dos días. Esta vez estaba en italiano y el arrendador era abogado, quien se encontró con otro abogado, mi esposo, por lo que, a decir verdad, se entendieron muy bien, y a la hora de traducir hasta la última coma no hubo problema, *no problem, nessun problema.*

Un viaje en familia también es un viaje en pareja... Venecia!

Venecia siempre nos sorprende, creemos que la conocemos y siempre hay un lugar, otro canal por el que no nos habíamos metido, galerías, iglesias, obras de arte, edificios históricos, las tiendas que venden máscaras y antifaces que invitan a pasar de incognito, el gran canal y la plaza San Marcos, con restaurantes muy buenos, aunque costosos para nuestro presupuesto.

Mi mente empezó a volar. «¿Y si me compro un antifaz y sorprendo a José Enrique esta noche?». «Fiesta de máscaras para dos», pensé por un momento. El solo hecho de pensarlo me produjo mariposas en el estómago, de las que no sentía desde hacía tiempo. Pienso que es importante mantener una vida apasionada, y aunque me veo tentada a borrar esto por tratarse de información muy personal, creo que si lo comparto, otras personas se pueden sentir identificadas o inspiradas a empezar a vivir una vida más apasionada, menos acomplejada, más relajada, menos preocupada. Son detalles sencillos que hacen la diferencia en una relación y nos mantienen más jóvenes de espíritu. Yo siempre me pregunto: «¿Qué pensaría la yo de 20 años?». Es mágico tener el vigor de la juventud con la sapiencia de la madurez, porque sencillamente es mayor el poder, tienes más criterio propio de la madurez y todavía tienes la energía de la juventud, ¿no te parece? Se trata de dejarte llevar un poco y no preocuparse en detalles tontos que muchas veces los hombres no le dan importancia. A veces nos devanamos los sesos buscando una ropa sexi, una postura que nos haga lucir mejor, cuando en realidad lo que importa es que vivamos el momento intensamente. Cuando entendemos esto, la edad biológica no importa.

Hemos escuchado comentairos donde nos han pronosticado hasta divorcio, porque dicen que es demasiada convivencia, que eso es imposible de soportar, diciendonos: "Si no se divorcian, llegan con otro hijo del viaje". Esta travesía ha hecho que nos conozcamos mejor y tengamos más oportunidades de encuentros sexuales, al tener más tiempo disponible, y eso ha mejorado nuestra relación de pareja. Es verdad que los roces propios de una convivencia tan prolongada e initerrumpida como esta nos hacen ver al cielo en busca de auxilio por momentos, pero allí esta el detalle, nos tenemos que reconciliar, porque el objetivo supremo es culminar esta aventura juntos y en armonía, entonces, a contentarnos. Así pues, en ocasiones me sorprendí de la creatividad de mi mente relajada, y del entusiasmo de mi compañero quien encontraba provocativo un legging negro roto de tanto que me lo había puesto durante el viaje, no sé que pasaba cuando me ponía ese legging, pero él me comia con la mirada. No he podido desprenderme de ese viejo pantalon.

Allí hay otra razón para comenzar a planificar un viaje aventurero, si no en familia, en pareja. Nosotros hemos pensado hacerlo en pareja dentro de unos años.

* * *

A nuestros hijos les encantó Venecia. Nos costó un poco explicarles por qué no había carros, cuestión que entendieron cuando lo vieron en el sitio. Estaban fascinados con las góndolas, las lanchas-taxi y el sistema de transporte acuático que tienen para movilizarse. En un día cualquiera estaba lleno de turistas que iban y venían por los canales y sus puentes con sus *carry on*.

Nosotros no nos subimos a las góndolas. Un paseo puede costar unos 80 euros y no vale la pena teniendo el vaporetto con el que puedes pasear por mucho menos. Así que fuimos felices viéndolas y escuchando su música.

Yo siempre he dicho: «¡Venecia acumula factores para el romance!». Con sus calles angostas y llenas de historias y esa comunión con el agua que le da un halo de misterio. Dicen que se hunde unos centímetros cada año, así que a visitarla antes de que la perdamos de vista.

Pasamos un fin de semana de sueño en Venecia.

Seguimos rodando, conociendo, creciendo.

Llegamos a la Toscana, la región central de Italia, por el lado oeste, todavía con un clima templado con el cual pensábamos en disfrutar de suficiente playa antes de que llegase el invierno.

Fuimos a misa de 11:30 a.m. en Cessina, en la *chiesa parrocchiale* San Pietro Apóstolo. Cessina es una ciudad que queda sobre el mediterráneo, a 10 minutos de Riparbella, Valdimare, donde nos íbamos a quedar por las próximas dos semanas.

En esta oportunidad nos instalamos en una posada, donde había seis apartamentos. Era como una pequeña vecindad, donde compartíamos piscina, parque y lavandero. El apartamentico tenía todas sus comodidades y lo mejor era la vista típicamente toscana: una pradera rayada de viñedos de distintas tonalidades de verde y siembras bañadas de sol. Es una imagen que nunca olvidaré mientras viva.

Allí conocimos a Alessandra, una mujer hospitalaria, bonita, amable, que nos ayudó a instalarnos y nos dio su apoyo para lo que necesitáramos en nuestra estadía. Como recibimiento nos brindó pizza al horno de leña, pizza dulce con Nutella y vino. ¿Quién no empieza así la jornada con buen pie?

Conociendo La Toscana

En esta parada aprovechamos para visitar muchos pueblitos aledaños que no tuvieron desperdicio, así que tome nota de sus nombres.

Visitamos pueblos tradicionales como Volterra, ubicado en el corazón de la Toscana, que destaca por su imponente arquitectura, rodeada por murallas en la cima de una colina, con un anfiteatro y una iglesia con frescos muy lindos.

También visitamos Populonia, con nuestras buenas amigas María Inés y Vanessa, que nos vinieron a visitar por el fin de semana. Se encuentra en el monte Massoncello y es una fortaleza amurallada con una vista impresionante sobre una bahía, con una playa muy agradable donde nos bañamos, aunque me costaba acostumbrarme al frío del Mediterráneo de aquella época.

Uno de los que más nos gustó por ser muy turístico es San Gimignano. Es igualmente un pueblo muy pequeño, de origen medieval y amurallado, pero con mucha vida, muy bien ubicado, cerca de Sienna y Florencia, y es Patrimonio de la Humanidad por la Unesco. Nos contaron que en ese pueblo, en la era medieval, las familias adineradas competían entre sí para construir la torre más alta que significaba más poder y riqueza, y eso destaca a la vista mientras uno pasea por el pueblo: muchas torres altas, donde uno se pregunta qué serán porque son tan delgadas que no cabría ni un cuarto adentro, pero es eso, solo para demostrar poder. ¡Qué necedad!

Allí tomamos un helado delicioso, y es que ahí las heladerías tienen premios internacionales y es muy fácil ubicarlas para quien visite porque se encuentran en la Piazza Centrale.

Uno de los días fuimos a Campiglia Marittima, en la provincia de Livorno, muy cerca del mar. Es un pueblo enclavado en una roca desde donde se puede tener una vista muy buena a los alrededores.

Todos estos son pueblos de aproximadamente 2.000 habitantes o menos, son muy pequeños y conservan ese encanto antiguo, histórico, medieval, que amamos los hijos del nuevo continente. Nosotros no sabemos de algo tan viejo y entonces admirábamos las calles empedradas, con tanta experiencia.

Sienna es una ciudad de estilo medieval cuyo centro histórico ha sido declarado por la Unesco como Patrimonio de la Humanidad, pero nos agarró lluvia y no pudimos caminarla tanto como nos hubiera gustado. Llama la atención que en el pueblo más recóndito y apartado la gente se reúne para disfrutar siempre de un buen partido de fútbol *il calcio*.

Y así, tal y como un italiano cualquiera que no conoce su suerte (aunque nosotros sí la conocíamos), pasamos los días más maravillosos entre pasta, risotto y viñedos.

Un día cualquiera agarramos el carro para comenzar nuestro paseo sin preparación previa, solo adonde nos llevaran los letreros del camino y, claro está, con el GPS que venía incorporado en el carro para poder regresar después.

Nunca podíamos salir antes de las 12 del día, así que tratábamos de hacer lo más que podíamos con el tiempo de la tarde. Nacho salía del carro como corcho de champaña, como desesperado por tanta carretera, y corría con su pasito cojo todavía, a estirar las piernas y ver qué se conseguía para jugar.

Entre paseo y paseo, todos los días tratábamos de hacer ejercicio, preparar la comida, lavar la ropa, tener la sesión de *homeschooling*, ir a misa algunos días de semana, tratando de llevar una rutina dentro de la no rutina.

Un día, doblando la ropa, un poco obstinada por los quehaceres del hogar, me di cuenta de que Clemen estaba creciendo más de la cuenta. Al percatarme de que había unas prendas que ya no le quedaban, entendí que nuestra Clemen estaba en el estirón del desarrollo. Mi niña se me estaba haciendo mujer y la estaba viendo crecer minuto a minuto ante mis ojos, ¡que milagro! Y qué sortaria era al poder ver ese maravilloso cambio milímetro a milímetro que, por cierto, es una de las razones que nos invitó a tomar esta decisión de vida, este viaje en familia: no perder este precioso momento de poder compartir con nuestros hijos estos años tan preciados.

Más sobre el equipaje

Tuvimos un mal cálculo de equipaje, y es que el equipaje siempre ha sido un tema álgido, no solo en este viaje de un año, sino en todos los viajes de esta familia. Siempre vamos con las maletas a reventar a donde quiera que vayamos, porque vamos con niños y por si acaso hay un «accidente» de pipí, vómito, comida derramada, etc… ¡Hay que ir preparados! Aparte, somos *multitasking*, entonces hay que llevar *outfit* de ejercicio, raquetas de tenis, pelota de fútbol, ¡ah!, y el peluche de Clemen, que no lo deja ni a sol ni a sombra y es un pulpo de buenas dimensiones. Por eso considero útil compartir lo que me pasó con el equipaje para que otras familias viajeras puedan tomar en cuenta mi experiencia y no cometan los mismos errores que yo.

El caso es que al hacer la maleta para un año con cuatro estaciones y familia *multitasking*, hice mi mejor esfuerzo para combinar *outfits* en la misma gama de colores: colores neutros y azules, porque me parecen elegantes y piezas con las que pudiera hacer un *mix and match*. Hasta aquí íbamos bien… hasta que a los niñitos se les ocurrió ¡crecer! Y más rápido de lo que me esperaba. Este es un factor difícil de medir porque no sabes cuánto van a crecer… Así que reuní la ropa que perdieron y la donamos.

La lección aprendida luego de este capítulo es llevar ropa media talla más grande para los niños e ir comprando en el camino si tu presupuesto lo permite. Pero, por Dios, no lleven equipaje de más, eso pesa mucho.

Debo confesar que, luego de estar viviendo de las maletas todo ese tiempo, nos hemos dado cuenta de que no necesitamos tanta ropa, así que de la ropa de verano fuimos seleccionando lo que de verdad queríamos conservar y lo que estuviese en buen estado (luego de múltiples lavadas). Lo demás lo donamos también. Y así fuimos haciendo en cada estación.

Una promesa familiar

Todos los días, al final de la jornada, subíamos una pequeña montaña que estaba junto a la posada, para hacer ejercicio y bañarnos de Toscana. Allí había una virgen en una gruta a la entrada de una de las casas del camino. Siempre nos parábamos y le rezábamos dos oraciones dándole gracias más que todo.

A José Enrique y a mí nos parece vital alimentar la espiritualidad en nuestros hijos, de hecho, durante la aventura cambiamos un poco las perspectivas: dejamos de lado lo material para centrarnos en lo humano y trascendente, porque es al final del día lo que siempre los va a sacar a flote cuando tengan un problema. «Siempre Dios estará contigo, nunca te va a fallar», les decimos, y es verdad. El día de mañana, cuando nosotros no estemos, ellos se refugiaran en su espiritualidad, valiéndose de su fortaleza interna para afrontar la vida.

A José Enrique se le ocurrió una idea maravillosa. El último día en la posada, subimos como de costumbre la loma y nos paramos en la gruta, pero esta vez le dejamos a la virgen una nota escrita y firmada por todos nosotros. Era una promesa. Prometimos que en unos años volveríamos a ese mismo punto, bien sea que nuestros hijos volvieran con sus hijos, nuestros nietos, o nosotros ya más viejos, o todos juntos otra vez, por qué no, a buscar la nota, para recordar lo bien que la pasamos unidos en Riparbella. Sería como una cápsula de tiempo encontrar esa nota con nuestra promesa escrita de puño y letra por nosotros y dar gracias por habernos reunido allí otra vez. Solo nosotros cinco sabemos cómo llegar. Fue un pacto del corazón. Detalles como este hacen aún más especial este viaje.

* * *

Al día siguiente, luego de jugar en el parque, en la piscina y de jugar con la perrita Lily, mascota del lugar, que quedó barriga arriba, agotada, logramos salir pasado el mediodía vía Pisa. Este es uno de los lugares que más le llamaba la atención a nuestros hijos, para ver la torre inclinada.

—¿Porque esta inclinada? –preguntó Kike, que es el más interesado en la historia.

Resulta que esta torre es el campanario de una catedral. Su construcción se inició en agosto de 1173 y se comenzó a torcer por culpa de los insuficientes tres metros de profundidad de sus cimientos, con lo que el suelo comenzó a ceder pronto. Tiene 294 escalones y hay que comprar *billetto* para entrar (y, por supuesto, el uso del baño cuesta 0,50 euros). Estuvimos poco tiempo. La verdad, después de entrar a la catedral y tomarnos muchas fotos jugando a sostener la torre, quedamos libres para el siguiente pueblo. Entonces fuimos a Lucca. Este es un pueblito amurallado primoroso, donde había un festival medieval. Nos remontamos muchos años atrás, porque la gente estaba vestida conforme a esa época, había tiro al blanco con arco y flechas, un grupo de personas haciendo los bailes y comida típica de aquella época, fogatas, etc. En esta ciuda se mezclan toda esa historia que la acompaña con el presente, gente trotando en los límites de las murallas de la cuidad y, por supuesto, una vez más, un estadio donde se estaba jugando, a casa llena, un partido de fútbol de las divisiones inferiores de la liga italiana.

La tarde estuvo lluviosa y definitivamente ya se empezaba a sentir la baja temperatura. En las noches puede llegar a 9°C, pero después de la lluvia, la noche queda limpia y desde nuestra casita, un lugar con poca luz en los alrededores, se podían ver las estrellas.

Por aquellos días en la Toscana, estuvimos celebrando el cumpleaños del capitán de esta aventura. José Enrique es el que todos los días nos lleva y nos trae por el buen camino, el que siempre nos impulsa a ser mejores a cada uno de la familia y también nos frena cuando es necesario ajustar alguna tuerca en la senda de la vida. Me siento muy afortunada de ser su esposa, de que sea el padre de mis hijos, de que esté en nuestras vidas. Doy gracias a Dios por todos los momentos vividos hasta ahora y pido porque vengan muchos años más juntos.

El segundo cumpleaños de la aventura lo vivimos con una visita inesperada de unas amigas, una torta con mucho chocolate como le gusta al cumpleañero, y un menú italianísimo de risotto, ensalada César y carpaccio hecho en casa, antecedido por una sesión de masajes en la cara y ejercicio en familia. Como lo he dicho antes, las cosas simples son las mejores.

El 17 de octubre emprendimos viaje una vez más, esta vez rumbo a Roma. Y ya estábamos andando en el tercer mes de nuestra aventura. ¡Cuánto habíamos vivido en tan poco tiempo! Aunque ya estaba sufriendo de exceso de información y falta de neuronas frescas para acumular todos los recuerdos. Tomaba fotos y videos cada vez que podía, en un esfuerzo por detener el tiempo en cada toma. Quería tener un poder especial que hiciera pasar el tiempo más lento. Con tantas actividades el tiempo se nos iba de las manos... Íbamos en la vía reflexionando sobre lo afortunados que éramos por haber emprendido este proyecto, donde nuestra principal inspiración era definitivamente ver crecer a nuestros hijos segundo a segundo. ¿La clave? Procurar que los momentos que se presentan sean espacios de alegría y siempre con mente positiva; lo demás sale solo.

Este pensamiento de San José María Escrivá viene como anillo al dedo para nuestra reflexión:

«Quiero que estés siempre contento, porque la alegría es parte integrante de tu camino. Pide esa misma alegría sobrenatural para todos» (Camino 665).

Ahora nos tocaba en nuestro recorrido disfrutar Roma y prepararnos para visitar al papa Francisco. Lo digo así, como si nada, porque todavía no me lo creo. Fue una cita que solicitamos ante el nuncio apostólico Aldo Giordano en Caracas, antes de salir de viaje. Cualquier feligrés puede solicitar un puesto en la audiencia general de los miércoles en la Plaza San Pedro. Muchas personas consideran la audiencia papal como algo que solo algunos privilegiados pueden conseguir, y otros sencillamente no les importa porque no respetan la figura del papa porque no creen que represente realmente a Dios en la Tierra.

Para nosotros es muy importante, y desde que pisamos Roma, no pudimos evitar pasar por el Vaticano enseguida. Al día siguiente de llegar fuimos a escuchar el *Ángelus* liderado por el papa Francisco. Es impresionante cómo la Plaza San Pedro está constantemente visitada por muchísimas personas, muchas banderas y mucha devoción que comienza cuadras atrás con procesiones de feligreses de todas partes del mundo. Allí es donde pienso que todavía hay salvación para este mundo loco; mientras tengamos nuestra fe todo es posible.

El dispositivo de seguridad es bastante exigente en el Vaticano, con fuerte presencia de cuerpos armados y la famosa guardia suiza, que es especialista en mandarte de un extremo al otro del recinto hasta que sin darte cuenta ya te fuiste. Son expertos en el arte de la evasión. Nuestros hijos quedaron impactados al ver al papa desde la Plaza San Pedro. Nos ubicamos justo al frente de la ventana, cerca del Poste Vaticano y una de las fuentes. Luego del *Ángelus*, almorzamos unas ricas pizzas y focaccia que trajimos en nuestro bolso. Vimos muchos hermanos necesitados apostados alrededor de la plaza, que ahí pernoctan y amanecen, pidiendo un bocado de pan. Ayudamos tanto como pudimos, porque son momentos especiales para que nuestros hijos entiendan las realidades que se viven en el mundo y lo importante de ser generoso y compartir, en lo más sencillo y humilde. Dios tiene muchas caras.

Algunas palabras del discurso del papa Francisco ese día fueron:

«Se nos pide el coraje para ser alternativos al mundo, luchar, sin nunca volvernos polémicos o agresivos».

También dijo:

«¡Hoy es tiempo de misión, es tiempo de coraje!, coraje de reforzar los pasos vacilantes, de retomar el gusto por dedicarse al Evangelio, de retomar confianza en la fuerza que la misión lleva consigo. Es tiempo de coraje, si bien el hecho de tener coraje no significa tener garantizado el éxito. Se nos pide el coraje de luchar, de abrirnos a todos, sin disminuir nunca lo absoluto y la unicidad de Cristo, único salvador de todos. ¡Hoy es el tiempo del coraje, hoy se necesita coraje!».

El papa terminó diciendo:

«Les agradezco a todos y les saludo con cariño. ¡Les deseo un buen domingo! Y por favor no se olviden de rezar por mí. *Buon pranzo e arrivederci*».

Roma es interminable

A nuestro paso por Roma, sentimos como si estuviéramos en una cápsula del tiempo: mucha historia difícil de procesar en una semana, por lo que se necesita bastante más tiempo para conocerla. Hay un dicho popular que dice: «Roma es interminable», y es verdad. Cada rincón, plaza, villa, calle, puente, ruina, café o vía, sus puestos de venta de flores, sus siete colinas...

Tomamos el autobús turístico, donde te cuentan algo de la vasta historia de Roma. Es tanta la información que puedes incluso tomar *tours* dependiendo de tus gustos, y hay también un *tour* cristiano únicamente para conocer las iglesias. Además, siempre puedes caminar la ciudad. Así es como llegas a Villa Burghesse con jardines y fuentes preciosas, la famosa Fontana di Trevi, la Piazza Spagna, y un montón de iglesias, cada una más bonita que la otra. Pero de las atracciones turísticas, la que más nos impresionó fue el Coliseo. Esta obra magistral nos mostró un recinto para el entretenimiento de los romanos de aquella época digno de un imperio. Aquí se llevaban a cabo peleas de gladiadores con leones, incluso batallas navales, donde llenaban el coliseo con agua y luego lo avenaban con un sistema de drenaje de alta tecnología para la época. Hay que pensar que esto fue puesto en pie cientos de años antes de Cristo, y aún en nuestros días sigue erguido habiendo sufrido desastres naturales como terremotos e incendios. Es increíble, por ejemplo, el acueducto y las vías de escape para desalojar en caso de emergencia. En modelos como este se han fijado los ingenieros para diseñar los modernos estadios deportivos de hoy en día.

Nos quedamos en un sitio muy bien ubicado de la avenida Cristoforo Colombo, con parques y lugares comerciales. En Roma se nota la presencia del fútbol en la vida italiana, vimos muchas canchas, escuelas de fútbol menor, y pudimos jugar un partidito en uno de los jardines frente a la casa.

También visitamos a amigos que hicieron de Roma su hogar y que nos dio mucho gusto ver de nuevo.

La temperatura ya estaba bajando cerca de los 20°C en las mañanas, y en las noches podía llegar a los 15°C. El sol salía alrededor de las 7:30 a.m.

La reflexión de uno de los días (muy acorde con nuestro momento) fue:

«Me explicó que quieras tanto a tu Patria y a los tuyos y que, a pesar de esas ataduras, aguardes con impaciencia el momento de cruzar tierras y mares –¡ir lejos!– porque te desvela el afán de mies» (Camino 812).

La visita al papa Francisco

El Vaticano es un estado soberano que se encuentra dentro de Roma y alberga a la Santa Sede, máxima institución de la iglesia católica. Tiene una extensión de 44 hectáreas y una población de 900 personas, con museos y paisajes impresionantes, donde se vive una energía espiritual única, y tuvimos la oportunidad de visitarlo bastante.

Llegó el momento que esperábamos: ¡íbamos a ver al Papa! Clemen le hizo una carta ilustrada explicándole nuestro proyecto de vida y contándole sobre la difícil situación de pobreza y escases que vive nuestro país, Venezuela. Estábamos muy emocionados y nos sentíamos muy afortunados por tener esta oportunidad. Para la audiencia general, que es a las 10:00 a.m., se debe llegar a las 7:00 a.m. Así que llegamos puntuales luego de hacer magia para estacionar el carro en las afueras y caminar por la Plaza San Pedro, que es grandísima.

Una vez canjeada la carta de invitación a la audiencia por una papeleta de color azul, el guardia suizo nos indicó hacia dónde nos teníamos que ubicar, y para nuestra sorpresa fue muy cerca del asiento del Santo Padre. Estábamos emocionados porque probablemente podríamos tener chance de hablar con él y entregarle nuestros detalles. Al lado teníamos a cientos de recién casados, todos vestidos de novios; ellas con sus trajes blancos y ellos con sus trajes formales negros. Es una tradición que los recién casados vengan a la audiencia general a pedir la bendición del papa para su matrimonio y la nueva familia que forman.

El mensaje del papa de ese día fue sobre el valor de la solidaridad, con el inmigrante, con el extranjero, con el más necesitado. Estábamos sentados a solo 10 metros del papa y lo tuvimos cerquita pudiendo saludarlo a un metro de distancia, donde gritando eufóricos le dimos las gracias por recibirnos y lo invitamos a visitar Venezuela, que tanto necesita de su mensaje, pidiendo especialmente una bendición para las familias en el mundo.

Terminamos todos empapados por el palo de agua que nos calló, y por supuesto no teníamos paraguas. Una pareja de novios nos prestó uno y nos lo turnábamos, pero igual nos mojamos. Pero no nos importó porque habíamos vivido esta experiencia de cerquita. Al final, Clemen no pudo entregar su cartica, y eso devastó a su papá. Le dijimos que ya éramos unos suertudos por poder tener la oportunidad de estar allí en ese momento, y ella dijo:

—Yo sé, pero quería entregarle esto.

Días después, luego de otros destinos, volvimos a Roma, y José Enrique volvió a pedir audiencia y se la dieron. Fue un bonito ejemplo de perseverancia el enseñarle a nuestros hijos lo importante de luchar por sus objetivos, con tenacidad y transparencia. Gracias a su perseverancia pudimos ver en esta segunda oportunidad al papa, hablar con él y tuvimos la suerte de que nos diera una bendición a todos.

Es difícil explicar lo que sentimos, lo que sentí. Tenía un discurso preparado y no pude pronunciarlo. Solo le dije: «Santo Padre, bendición», con mucho respeto y admiración. Clemen le entregó la cartica y José Enrique le explicó que estábamos dedicando este año a nuestra familia y nos habíamos propuesto divulgar valores y principios de familia, que éramos de Venezuela y le pedíamos rezar por nuestro país. Al salir de allí nos sentíamos como en una nube, más cerca del cielo, agradecidos con Dios por habernos regalado este momento y comprometidos a contagiar nuestra fe a la mayor cantidad de gente posible. Sí se puede lograr lo que quieres, teniendo fe y perseverancia, somos testimonio vivo de esto.

«No hagas caso, siempre los 'prudentes' han llamado locuras a las obras de Dios. –¡Adelante, audacia!» (Camino 479).

El cine también es educación

Aprovechamos los días siguientes que fueron de lluvia para tener, aparte de nuestro regular *homeschooling*, sesiones de cine, donde vimos películas viejas pero que nos traen buenos recuerdos: *Goonies*, *Inside out*, *Volver al futuro I* y *II*, *Mary Poppins*, *Rudy*, *Lucas*, *Midnight in Paris*, *The Sound of Music*, entre otras. Fue un maratón de películas, pero qué rico tener el tiempo disponible para hacerlo y revivir esos momentos tan alegres de nuestra infancia junto a nuestros hijos. Es como transmitirles nuestra memoria cinematográfica y ahora ellos tienen estas y nuevas referencias para enriquecer su criterio.

Otra de las cosas que hicimos fue enseñarlos a bailar. Se trataba de hacer todas las cosas que antes, por falta de tiempo, no podíamos hacer, ¿verdad? Así descubrimos que Nacho es el más bailarín, le gusta la música, tiene buen ritmo y se aprende las canciones. Le encanta la canción de Justin Timberlake *I got sunshine in my pocket* y la tararea casi toda. Clemen y Kike son más penosos, pero bueno, cada quien con su personalidad.

Poco a poco nos fuimos dando permiso de hacer cosas que antes por falta de tiempo o de voluntad no hacíamos, y no dejamos de sorprendernos de lo que podemos ser capaces, y todo lo que podemos lograr.

Caminamos mucho, corrimos, montamos bicicleta, jugamos juegos de mesa (monopolio, uno), los niñitos aprendieron a jugar ajedrez, ping pong, billar y pool. También nos gustó compartir con los animales, cuestión que era una novedad en esta familia.

Otras cosas sencillas pero de siempre que hicimos fue columpiarnos en un caucho guindando de un árbol y tirar piedras al agua para ver cuánto rebotan. Parecen cosas tontas, pero ¡cómo recordamos esas tonterías!

Kike y Nacho aprendieron sobre la caballerosidad, abriendo la puerta a su mama y a su hermana, ceder la silla a las mujeres o personas mayores, llevarle una flor a su mamá y darle un beso, colaborar con lo que esté al alcance con las personas a nuestro alrededor, nuestro tradicional abrazo en familia, rezar el rosario en inglés, decir «por favor» y «gracias», y saludar a los demás.

IX
Los burritos
de Santorini

Noviembre 2016

Lo bueno de vivir con las maletas preparadas es que puedes aprovechar una oferta de última hora y dejar la estela de polvo atrás para irte a una isla griega, literalmente. Encontré una oferta *on line* y esta nueva versión de nosotros no se pudo resistir a tomarla. Pero teníamos un problema: ¿cómo íbamos a hacer con el carro que teníamos alquilado? ¿Y las maletas? Esta oferta era una tarifa de vuelo barato sin equipaje incluido. Lo que al final hicimos fue facturar una sola maleta y las otras las dejamos junto con el carro en el aeropuerto de Roma. Lo estacionamos en la zona de *long stay* y fue perfecto, la verdad.

Si algo nos dejó esta experiencia es que nos simplificamos a la mínima expresión y tratamos de resolver las cosas de la manera más sencilla. Allá quedaron nuestros viajes con exceso de equipaje, con exceso de estrés y ahora somos más ágiles y felices al movilizarnos.

El vuelo a Santorini, con escala en Atenas, estuvo muy bien. Al llegar nos encontramos un aeropuerto muy pequeño, básico y un poco sucio, digno de isla.

Nos alojamos en un aparto-hotel todo blanco y azul, con pinceladas de planta trinitaria fucsia, como todos los lugares de por allí. Era muy bonito y acogedor. Dejamos las cosas y nos dispusimos a recorrer los alrededores.

Llegamos a la única iglesia católica de por esos lados. Un recinto muy hospitalario, con las lecturas en todos los idiomas para hacer sentir al turista bienvenido. Nos quedamos a la misa del día para darle gracias a Dios por traernos sanos y salvos. No entendimos ni papa el griego, pero en un momento de la homilía el padre dijo unas palabras para los turistas en inglés y en español, y oh, sorpresa, el sacerdote era mexicano. Decidimos acercarnos a contarle nuestra historia y aunque el padre Paco no la entendió del todo, le dimos la dirección de nuestro *blog* de viaje y nos fuimos.

Al día siguiente fuimos a misa de todos los santos y el padre nos hizo señas para que nos quedáramos después de la misa. Con una sonrisa gigante y sincera, se nos acercó y nos dijo:

—Anoche estuve leyendo su *blog* hasta las cuatro de la madrugada, estoy encantado, acompáñenme a la sacristía.

Nos sentimos muy honrados porque el padre reconociera nuestro esfuerzo con este proyecto. Nos dijo:

—Necesitamos más familias como ustedes.

Eso nos hizo sentir muy importantes y reforzó nuestro pensamiento de que estábamos en la dirección correcta en nuestra vida. No es para menos, después de que todo el mundo nos veía con cara de locos, estábamos un poco asustados, pero al escuchar a un sacerdote católico en Grecia diciéndonos que estábamos en el camino correcto era como un bálsamo sanador.

El padre Paco se convirtió en esos días en nuestro padrino, nos enseñó la isla, nos invitó a comer y nos presentó a su familia, a sus amigos, a su parroquia. Nos reunió con gente para interactuar y contar nuestra experiencia.

Encontrar al padre Paco fue un cálido abrazo de papá Dios que nos dijo que todo estaba bien, que íbamos en la dirección indicada, que era la dirección que decidiéramos nosotros, nuestra agenda, la de la familia, y nos dio aliento para seguir el camino, disfrutando de las cosas sencillas de la vida con alegría.

De aquella visita tomamos una cita del papa Francisco que estaba en una de las carteleras de la iglesia de Santorni, impecablemente organizada y liderada por el padre Paco:

« No estamos acostumbrados a pensar en Jesús sonriendo, alegre. Jesús estaba lleno de alegría».

Vida de paz y encuentro con la fe

Santorini (del griego Σαντορίνη) es un archipiélago formado por islas volcánicas al sur del mar Egeo, visitado por turistas de todas partes, donde constantemente atracan cruceros. Su arquitectura es muy particular, con construcciones sobre rocas volcánicas, donde predominan los colores azul y sobre todo blanco, viviendas de baja altura, de dos o tres pisos, con caminerías, principalmente cerca de los acantilados, tipo pasadizos, donde en cualquier rincón uno encuentra un lugar espectacular para tomar una foto, ver el horizonte o sencillamente contemplar el atardecer. Hay un paseo para bajar hasta el puerto y subir luego en funicular hasta la punta de la isla que se puede hacer a pie o en burro, que es el medio de transporte por la estreches de los caminos.

Si bien no pudimos disfrutar de la playa por las bajas temperaturas (entre 17 y19 grados centígrados durante algunas noches y amaneceres), los niñitos se metieron en la piscina un par de veces. También pudimos hacer nuestra primera clase de yoga en familia. Nos la regaló Pauline, una amiga parroquiana. Es maravilloso cuando comenzamos a compartir nuestra historia y otras personas ven lo que nosotros, y entonces surge esa conexión mágica. ¿Te ha pasado que a veces tienes pena de contar algo personal y cuando lo haces piensas que menos mal que lo hiciste porque pudiste conectar con otro ser humano que piensa igual que tú? Bueno, así nos pasó con Pauline. A partir de esa experiencia, hemos practicado yoga en familia de vez en cuando. Es un plan que a los niñitos les encanta, aprovechamos para compartir y hacer ejercicio, además de acumular más recuerdos.

Clemen, Kike y Nacho pudieron colaborar con el padre como monaguillos. Nacho le decía «polaquillos» y yo no dejaba que lo corrigieran sus hermanos; qué les puedo decir, es mi bebé. Pero esta experiencia les marcó su estancia. Les hizo entender la dinámica de la celebración de la eucaristía, interactuando con el padre Paco en primera fila.

Para los que le gusta ir de tiendas, Santorini ofrece muchísimas opciones para todos los gustos: esponjas de mar, piedras preciosas locales (piedras volcánicas), joyas artesanales. En cuanto a la comida, fuimos afortunados de probar muchas cosas. A nuestros hijos les encantó el gyros con bastante tzaziky (la crema de yogur y pepino con que untan el gyro) y las heladerías, y es que los lácteos son muy buenos en Grecia. Gracias a nuestros amigos, también pudimos degustar platos variados del mar, destacando el restaurant café Floga, en Oia, que es muy recomendable, con un servicio inmejorable liderado por la encantadora Penelopy y por Fragkiskos.

En todas las fotos que tenemos de Santorni aparece el para nosotros famoso techo de una casa que pertenece a unos señores mayores que el padre Paco conoce desde hace tiempo, y es que gracias a que conoce a muchas personas pudimos lograr fotos increíbles donde se aprecian las bellezas de vistas de Santorini con el volcán de fondo. Aunque fueron un poco arriesgadas, porque nos tuvimos que montar en los techos de estas casas e iglesias, valió la pena.

En Santorini pasamos momentos inigualables y dejamos amigos con los que hasta hoy seguimos manteniendo contacto. Nuestro lenguaje es el de los valores, que es universal, y no conoce de raza, ni idioma, ni geografía, por lo que vamos acumulando amigos que se identifican con nuestros valores ante la vida, como la tolerancia, el respeto y la bondad.

¿Cuándo volveremos a Santorini? Quizás más pronto de lo que pensamos.

X
La Vera Italia
Puglia y Toscana

Noviembre 2016

Al regresar de Grecia continuamos con nuestro recorrido por Italia, un país lleno de rincones para enamorarse y comida para rodar de felicidad. Sí, no nos medimos, comimos bastante pasta y risotto. Los anaqueles de los supermercados están abarrotados de cientos de tipos y marcas distintas de pasta; qué alimento más noble, más amable, más versátil. Te deja satisfecho y feliz. Aparte es gentil con el bolsillo, ya que nuestra familia se come medio kilogramo de espagueti, porque somos una familia grande, pero cuesta 1 euro, más la salsa y el queso pecorino.

Al llegar a Roma rescatamos el carro que estaba esperándonos en el aeropuerto cuando aterrizamos. Estaba todo, sano y salvo, no lo podíamos creer. Este tipo de cosas que son tan normales y cotidianas para un ciudadano del primer mundo, para nosotros es increíble. Pero lamentablemente sufrimos de estas angustias por culpa de una delincuencia desatada en nuestro país y estamos aterrorizamos cada vez que nos acercamos a nuestro carro, porque no sabemos si va a estar el carro, no sabemos si vamos a encontrar un vidrio roto, o si nos van a asaltar entrando a él. Así que fue una grata sorpresa darnos cuenta de que hay sistemas que sí funcionan en pro de una mejor calidad de vida del ser humano.

Più Italia!

Agarramos nuestro carro y nuestras maletas y arrancamos para Puglia, provincia del sur de Italia.

En Puglia se respira un aire de otra época, donde hay muchos pueblos declarados patrimonios de la humanidad por lo antiguo y bien conservados que están. Allí nos quedamos en un apartamento enclavado dentro del casco histórico de la ciudad de Conversano, donde los pisos y edificios están construidos con una piedra blanca bellísima. Es un tipo de piedra que se da en esa región de Italia, y todos los pueblos aledaños también la tienen como material fundamental de la construcción.

Tuvimos la oportunidad de recorrer pueblos como Matera, una región que ha estado habitada desde el Paleolítico. Impresionante, ¿verdad? Se dice que la ciudad fue fundada por los romanos.

En el año 664, Matera fue conquistada por los lombardos y se convirtió en parte del ducado de Benevento. En los siglos VII y VIII las grutas cercanas fueron colonizadas por instituciones monásticas, tanto por los benedictinos como por los ortodoxos griegos.

Pero basta de historia. Matera es un pueblo primoroso que nos dejó sin aliento subiendo y bajando las escaleras de sus estructuras añejas donde no se dejó espacio sin aprovechar. Realmente es un plan que se puede combinar con otro, porque recorrer este pueblo se hace en una tarde. Nosotros llegamos a las 4 de la tarde y a las 7 ya habíamos turisteado bastante.

Dato curioso: unos lugareños nos dijeron que allí grabaron parte de las escenas de la película *La pasión de Cristo* de Mel Gibson.

Otro pueblo imperdible al visitar la región de Puglia es Alberobello. Los orígenes de esta ciudad se remontan a la segunda mitad de la Edad Media o a principios del siglo XVI cuando, siendo un pequeño feudo bajo el dominio de los Acquaviva, condes de Conversano, comenzó a poblarse de campesinos que deseaban cosechar la *selva* (así llamada) fértil. Los condes autorizaron a los colonos para que construyeran sus casas a la piedra seca, esto es, sin cemento, para poder ser destruidas fácilmente en caso de inspección regia. Esto se debía a la *prammatica de baronibus*, norma existente en el reino de Nápoles desde el siglo XV, en cuya virtud el nacimiento de una aglomeración urbana exigía el pago del tributo, pero con la astuta propuesta se evitaba el impuesto. Así pudieron construir estas casas que podían configurarse como construcciones precarias y de fácil demolición. Qué genialidad la de estos colonos. Nosotros nos quedamos maravillados con estas construcciones tan originales. El pueblo ofrece la posibilidad de caminar entre ellas e inclusive visitar por dentro algunas a cambio de una pequeña colaboración opcional. Hay muchas tienditas de artesanía y heladerías. Es un paseo entretenido y diferente.

Otra joya de Puglia es el pueblo de Polignano a Mare, una visita obligada si se pasa por Puglia.

Para dar una idea de tiempo, nosotros estuvimos en Puglia ocho días, y pienso que son suficientes para pasear, conocer bastante bien la zona y comer bastante *gelato* y *focaccia*. Dios, ¡cómo me gusta la *cucina* italiana!

Con otros ojos

En este viaje hemos aprendido que uno no viaja para ir de compras, ni para montarse en atracciones caras que exciten los sentidos, ni para entretenernos con cosas ficticias. Viajamos para encontrarnos a nosotros mismos contrastando lo nuevo con lo conocido, y par aocnocer nuevas personas que nos enriquezcan y nos hagan crecer. Vemos el mundo, la naturaleza, y nos damos cuenta de que todos los seres humanos queremos las mismas cosas: ser felices, y esa felicidad se logra con detalles muy sencillos. Acompañar en la búsqueda de lo esencial es bonito e importante, porque nos hace compartir la alegría de saborear el sentido de la vida. Enseñar a nuestros hijos a mirar lo esencial es una ayuda determinante, especialmente en un tiempo como el nuestro que parece haber tomado la orientación de seguir satisfacciones cortas de miras. Enseñar a descubrir qué es lo que el Señor quiere de nosotros y cómo podemos corresponder significa ponernos en camino para crecer en la propia vocación, el camino de la verdadera alegría. La exigencia de aconsejar, advertir y enseñar no nos debe hacer sentir superiores a los demás, sino que nos obliga sobre todo a volver a entrar en nosotros mismos para verificar si somos coherentes con lo que pedimos a los demás. No olvidemos las palabras de Jesús:

«¿Cómo es que miras la brizna que hay en el ojo de tu hermano y no reparas en la viga que hay en tu propio ojo?» (Lucas 6, 41).

* * *

El 12 de noviembre salimos emocionados rumbo a la Toscana de nuevo, pero ahora por su lado este, vía Bari. Nos alojamos en la parte montañosa, en Poppi. El motivo de nuestra emoción con ese recorrido era que nos íbamos a encontrar con los abuelos y tíos, y nos íbamos a quedar en la misma casa en las montañas. Fueron días que atesoraremos para siempre. Hicimos cenas especiales preparadas en casa, jugamos, conversamos frente a la chimenea para mitigar el frío invernal, nos reímos hasta llorar, jugamos el tan esperado partido de fútbol en familia, nos volvimos a reír, y se nos pasaron los días en un parpadeo. Ver a mis papás y hermanos otra vez después de todos esos meses de viaje fue como una inyección de energía para continuar la aventura.

Ellos estaban igualitos, mi mamá siempre coqueta y alegre, mi papá pacífico y de pocas palabras, pero las necesarias. Mis hermanos siempre nos traen sonrisas con sus ocurrencias. Pero ellos se encontraban ante una familia diferente a la que dejaron meses atrás, o por lo menos eso sentí yo. Sentí que como familia éramos emocionalmente independientes, más fuertes, más maduros y más sincronizados que nunca. Qué importante este vínculo que habíamos creado. Y qué mejor forma de probarlo que ante nuestra familia extendida.

Siempre los escucharemos porque son nuestros padres, que nos quieren y nos conocen mejor que nadie, pero a veces solemos tener problemas porque nos dejamos influenciar por lo que dice algún familiar y terminamos tomando posiciones encontradas. Esto es algo súper normal y que creo viven muchas familias todo el tiempo, pero pienso que la clave es esta comunicación que hemos logrado. El alcance que hemos conseguido hacia adentro de nuestra familia ha sido una bendición y un factor que queríamos lograr con el viaje. Y no se logra sino conversando mucho, conociendo nuestros cuentos de la infancia, entendiendo y respetando de dónde venimos, y eso toma tiempo. Y nosotros el tiempo lo dedicamos ese año a eso precisamente, a escucharnos.

Hoy en día quiero mucho más a mis padres y a mis suegros, valoro cada vez más sus esfuerzos por criarnos y haber sido nuestros maestros. Ellos son responsables de lo que somos hoy en día, y les estaremos eternamente agradecidos a ellos y a Dios por tenerlos en nuestras vidas.

En aquellos días de Poppi los niñitos tocaron por primera vez la nieve. Nos orillamos en la carretera e instintivamente comenzó una batalla de bolas de nieve.

En esta zona visitamos el santuario de La Verna, famoso por ser el lugar donde san Francisco de Asís recibió los estigmas de Cristo, hacia el 14 de septiembre de 1224. Este santuario fue construido en la parte sur del Monte Penna a 1.128 metros de altura. El santuario –destino de muchos peregrinos– es el hogar de numerosas capillas y lugares de oración y meditación, así como varios puntos de gran importancia religiosa. Es un sitio donde llevan vida un grupo de monjes franciscanos, que se sustenta con productos como una miel que producen artesanalmente allí y la venden. En la tiendita se consiguen también libritos sobre la historia del lugar y sobre san Francisco de Asís. También hay un pequeño restaurante donde los peregrinos pueden comer a precios razonables comida muy sencilla pero reconfortante para el que sube esa montaña empinada y curvilínea por horas como lo hicimos nosotros. Y las vistas del lugar en esa época del año son majestuosas, las copas de las montañas blancas, con un bosque de pinos altísimos que las cubren.

Cerca, a una hora y media de Poppi, está nada más y nada menos que Florencia, la bella. No podíamos dejar de ir, así que emprendimos camino.

Florencia es el núcleo urbano en el que se originó en la segunda mitad del siglo XIV el movimiento artístico denominado Renacimiento, y se la considera una de las cunas mundiales del arte y de la arquitectura. Su centro histórico fue declarado Patrimonio de la Humanidad en 1982 y en él destacan obras medievales y renacentistas como la cúpula de Santa María del Fiore, el Ponte Vecchio, la Basílica de Santa Cruz, el Palazzo Vecchio y museos como los Uffizi, el Bargello o la Galería de la Academia, que acoge al David de Miguel Ángel. Estos museos son un lujo que no se pueden dejar de contemplar, pero para los niños suele ser un poco aburrido porque no aprecian el valor del arte a tan temprana edad. Por eso lo mejor es hacer la visita corta, planificar con tiempo qué galerías del museo tienen más interés, para ir directamente allí, y no pasar en el museo más de dos horas. Y, por supuesto, la herramienta de un buen estímulo como un *gelato* hace maravillas. Y qué mejor que en la Gelateria Venchi, en la Via Calimaruzza, 18, que desde 1878 hace artesanalmente helados deliciosos.

* * *

Para hacer este *road trip* tomamos un *leasing* en Francia y debíamos devolver el carro luego de los 100 días de viaje en el mismo país, así que emprendimos el recorrido de regreso con dos paradas para descansar, en Niza y en Toulouse, donde hicimos la entrega.

Si decides hacer un *road trip* en Europa y vas a necesitar un carro por más de 21 días, la opción más indicada para ahorrar unos eurillos y tener un carro en óptimas condiciones es un *leasing*. Nosotros lo hicimos con un Peugeot 5008, pero Renault y Citröen también ofrecen este servicio: la entrega de un carro cero kilómetros con seguro por cualquier eventualidad. De esta manera tienes la tranquilidad necesaria para hacer tu viaje por tierra sin problemas.

A las 6:40 a.m. salimos de Toulouse vía Barcelona en autobús. La vía aún estaba oscura, los negocios cerrados, y conforme avanzábamos, el sol intentaba salir; no obstante, el clima estaba gris y frío, lo que presagiaba una mañana nublada y lluviosa.

Fue la primera experiencia de esta familia en autobús; lo tomamos en la puerta de embarque 23 de la central de Toulosse. Nos tocó un chofer polaco, muy joven. El autobús iba a la mitad de su capacidad de pasajeros, por lo que pudimos tomar un asiento de dos puestos para cada uno, incluso algunos tomaron cuatro puestos y a dormir, y si el sueño era profundo hasta roncar; y al fondo estaban siempre aquellos conversadores que con su tono y carcajadas desvelaban el sueño de algunos.

Conforme el día se fue levantando, se comenzaban a ver los contrastes de la naturaleza, los diferentes colores en las hojas de los árboles propios de ese momento del año. Hicimos la *first stop* en la estación de gasolina Shell; una parada de 30 minutos, hasta las 8:25 a.m., en las afueras de Carcassonne, Francia.

Nos gustó mucho la puntualidad con que se manejan las cosas en esa parte del mundo. El autobús cumplió todo lo pautado: su salida a las 6:40 a.m., los 30 minutos para ir al baño, el *snack*, y todas las personas están perfectamente adaptadas.

Seguíamos aprendiendo muchas cosas. Siempre es importante preguntar para lograr la mejor tarifa posible, porque cada región maneja ciertos beneficios, como tarifas fijas en traslados al aeropuerto. En esta oportunidad, viajar en autobús nos salió más económico y conveniente que en tren.

Hasta ahora habíamos disfrutado de la libertad de tener carro, hacer las paradas necesarias o deseadas, y encontrar pueblitos desconocidos. Pero cuando te pones en las manos de un chofer, como era el caso, entiendes la gran responsabilidad que significa conducir y llevar a buen puerto tantas vidas, especialmente cuando se trata de tu familia. Pero la verdad fue corta la agonía, en tres horas y media estábamos en suelo catalán, y automáticamente estábamos felices.

España es nuestro ojito derecho. Como ya conté, aquí vivimos recién casados. José Enrique vino a hacer un postgrado en Madrid y yo me dediqué, entre otras cosas, a cuidar a un bebé francés que despertó mi instinto materno, lo que trajo irremediablemente a Clementina al panorama.

Guardamos recuerdos muy bonitos en esta tierra y nos encanta llevar a nuestros hijos para mostrarles dónde vivíamos, qué comíamos, dónde comenzamos a formar esta familia.

Nos quedamos a pocas cuadras de la Basílica de la Sagrada Familia, obra maestra del arquitecto catalán Antoni Gaudí. Gaudí fue un arquitecto cuya fe católica lo llevó a destinar todos sus recursos a la construcción de este sueño, esta basílica que comenzó a construirse en 1882. Murió económicamente pobre, pero tan rico en espíritu, en su legado. Esta basílica es una magistral obra de arte que todavía está en construcción, aunque nos dijeron que para 2026 estará finalmente terminada. Describe con su diseño la historia del nacimiento, la pasión y muerte de nuestro Señor Jesús y la Gloria de la Resurrección. Por dentro, a pesar de solo ver concreto, sientes que estás en el jardín del Edén con flora y fauna.

Como nos estábamos quedando cerca, fuimos allí a la misa diariamente, y conocimos a Nuria, la señora que cuidaba que todo marchase bien en la iglesia. Ella nos recomendó hacer un *tour* por la basílica con un sacerdote, el padre Juan Carlos, que también era arquitecto y apasionado de la obra de Gaudí. ¿Qué mejor combinación que esa? Nos explicó con devoción cada rincón del lugar, con un fervor que emocionaba a los que lo escuchamos. La fachada de la Pasión, con Jesús en la cruz y mensajes en cada rincón alusivos a pasajes de la *Biblia*. La fachada del Nacimiento, con el pesebre y el árbol de la vida, donde no se escatima en ornamentos para describir un acontecimiento tan grande. La fachada de la Gloria, todavía inconclusa, donde se describe la resurrección y gloria de Dios. Por dentro, un jardín de concreto, donde se fusiona funcionalidad con estética, y se siente alegría y jubilo en el ambiente.

Gaudí fue un hombre creyente que hoy en día está en vías de beatificación porque su espíritu generoso lo llevó a entregarse por completo a esta obra, sintiendo un amor profundo por su ciudad y fe en Dios. Gracias al padre Juan Carlos pudimos conocer toda la apasionante historia de Gaudí y ponerlo como ejemplo en nuestra clase de *homeschooling* como una persona que persiguió sus sueños con perseverancia y buena fe. Lección aprendida: no hay manera de no alcanzar los objetivos de esta manera. Bien hecho, Gaudí, necesitamos acercarnos a Dios, y Dios es así de alegre y accesible.

En Barcelona estaban el tío Alberto y los abuelos, así que estuvimos una vez más acompañados en esta parte del viaje. ¡Somos unos suertudos! ¡Comimos cachapas en *Thanksgiving*! Nos hacía falta la comida venezolana y mi hermano tenía masa de cachapa; digamos que los planetas se alinearon, todo encajó y la harina Pan estaba en nuestro destino. Hasta pudimos rezar la corona de Adviento en familia como todos los años. Fue un momento muy lindo compartir con la familia y extrañar a los que faltan, porque la familia es lo más importante, es el azúcar de la vida, así se lo estamos haciendo ver a los niñitos, y nos alegra ver cómo en varias ocasiones nos preguntan cuándo vamos a estar todos juntos todo el tiempo. A veces no es posible, porque nuestra familia extendida esta desperdigada por el mundo, pero lo importante es que el valor de la familia se preserve, así no nos veamos tan seguido.

Seis meses de viaje ya, lo que hemos aprendido

Así llegamos a seis meses de viaje. ¿Que si habíamos aprendido algo? Muchas cosas, aquí algunas:

Si quieres darle un regalo a tus hijos que les sirva para toda la vida, que sea un viaje, no importa a dónde ni cuánto tiempo, en tu país o fuera de él, lo importante es cambiar de ambiente, salir de la zona de confort. De esta manera despertarás en ellos el interés por todo lo que les rodea, desde la cultura de los sitios que visiten, hasta la comida, la aventura y los nuevos amigos, y además apreciarán cómo viven ellos y otros, creándoles arraigo por su país y una visión mucho más amplia del mundo que les rodea.

Vivir con austeridad y sencillez, las cosas sencillas son las mejores. El reto constante es mantener el presupuesto dentro de los parámetros establecidos. He aquí el dilema. A veces nos cansamos de tomar agua todos los días, comer sánduches para el camino, con frutas y papas, pero si es lo que toca y te desvías, recuperarlo luego puede ser complicado. No obstante, fuimos haciendo mejorías en lo que se puede para mantenernos dentro del plan de gastos. No fue fácil, al contrario, fue difícil, muy difícil, porque una vez más, no estábamos de vacaciones.

También hemos aprendido a **resolver problemas con mucha agilidad**, por la cantidad de movilizaciones. Sube maletas, baja maletas, arma maletas, corre al aeropuerto, agarra taxi, agarra tren, autobús, recorre el lugar en busca de provisiones para seguir el camino.

Estábamos en constante cambio y adaptación, entonces nos volvimos expertos en adaptarnos a ambientes diferentes.

Diseñamos el viaje para vivir en zonas populares, no turísticas, y eso era muy importante para nosotros en función de cómo queríamos vivir esta experiencia. **Vivir como el lugareño**, jugar en los parques donde los niños de la zona juegan, enseñarles a decir «gracias», «por favor», «hola», «adiós» y otras palabras más en el idioma del país que visitamos, caminar la ciudad, más que ir en metro o taxi, para mezclarnos con la gente, compartir con la comunidades de la parroquia de turno (escuchamos misa en muchos idiomas), y aunque no entendíamos el idioma, en ocasiones darnos el saludo de paz nos conecta con ese vecino, y esa conexión también es parte de la experiencia. ¡Ah!, y mi parte favorita: hacer la compra en los mercados locales, con los productos típicos de la zona. Créeme, de esta manera el viaje se convierte en una experiencia mucho más completa, en lugar de hacer una lista de un sin fin de actividades turísticas una detrás de otra contra reloj que te dejan bien cansado. Por supuesto que conocemos monumentos, museos y obras importantes, pero a un ritmo muy pausado. En mi opinión, es preferible no conocer todo, pero conocer bien dos o tres monumentos.

En resumen, no hay fórmula para este proyecto, cada familia es diferente, pero la base es compartir la experiencia en familia y vivir a plenitud, que no es rápido, pues a mi juicio hay que vivir despacio.

Todo es posible gracias a Dios que nos ilumina y se hace presente en nuestro viaje de muchas maneras; recibimos infinitas bendiciones por el solo hecho de estar cumpliendo esta aventura y estar juntos en familia.

¡A por los seis meses que quedaban!

A por el *road-trip* iberico

El segundo domingo de Adviento nos encontró en Granada, Andalucía. Hicimos un recorrido por tierra con un carro que alquilamos para conocer mejor España, e hicimos parada en Valencia para descansar, donde nos quedamos en casa de nuestros muy buenos amigos Rodrigo y Andreína.

Luego, en Granada, nos hospedamos en un apartamento que queda muy cerca del famoso castillo de la Alhambra y de la Sierra Nevada. Rezamos la corona de Adviento correspondiente a esa fecha conjuntamente con la abuela María vía telefónica desde Caracas.

Lo primero que conoimos al llegar a Granada fue La Alhambra. Es una ciudad palatina andalusí situada en Granada, en la comunidad autónoma de Andalucía. Es un conjunto de palacios, jardines y una fortaleza (Alcázar o *al-qasr* ال قصر) que albergaba una verdadera ciudadela dentro de la propia ciudad de Granada y servía como alojamiento al monarca y a la corte del reino nazarí de Granada. Su verdadero atractivo, como en otras obras musulmanas de la época, no solo radica en los interiores, cuya decoración está entre las cumbres del arte andalusí, sino también en su localización y adaptación, generando un paisaje nuevo pero totalmente integrado con la naturaleza preexistente. En 2015 fue uno de los monumentos más visitados de España, por detrás del Templo Expiatorio de la Sagrada Familia de

Barcelona, recibiendo la cifra histórica de 2.474.231 visitantes. La Alhambra es un lugar muy bonito donde se mezclan el diseño, la arquitectura y la historia de los antiguos gobernantes de estas tierras. Nos encantó su arquitectura y los niñitos se sentían en una película de princesas y caballeros. Es un privilegio poder admirar estos monumentos tan bien conservados. En el Alcázar nos llamó la atención el acueducto que baja por las escaleras y se distribuye por los diferentes jardines internos.

* * *

En Sierra Nevada, subimos a la estación de esquí, donde nuestros hijos tuvieron su segundo contacto con la nieve. Allí hicimos nuestro primer muñeco de nieve y le llamamos Jorge Juan, en honor a la calle donde vivimos recién casados en Madrid. También hubo guerra de bolas de nieve con una temperatura entre los 3 y los 4 grados centígrados, y aunque la nieve estaba húmeda la gozamos igual.

* * *

A pocos pasos de nuestra «casa» nos quedaba el Monasterio de Santa María de los Ángeles de Granada, tributo a la Inmaculada Concepción; es la comunidad religiosa de las hermanas Clarisas, fraternidad franciscana, quienes durante esos días estaban preparándose para el día de la Inmaculada Concepción. Adornaron la capilla espectacular y la ceremonia el 8 de diciembre fue muy sentida.

* * *

De Granada logramos conocer lo principal y no tuvimos oportunidad de visitar ciudades cercanas como Córdoba y Málaga, a las que hubiésemos querido ir porque nos han recomendado mucho toda la región, pero es una tarea pendiente. Igual estábamos muy felices de haber podido pisar estas tierras de gente alegre y dicharachera. Nos sentimos más cerca de Venezuela en Andalucía. Personalmente, el acento andaluz me derrite, me encanta y me pone contenta. No sé por qué será, quizás la semejanza con nuestro acento, que corta las eses. Me quedo lela escuchando y quiero que sigan hablando. Además no solo es el acento, son las ocurrencias, porque tienen una sazon sin igual para decir las cosas.

* * *

La siguiente parada en nuestro alegre *road trip* ibérico nos llevó a Sevilla, disfrutando de un sol radiante y una temperatura envidiable (entre 18 y 20 grados centígrados) para estar casi a mediados de diciembre.

Hay un dicho popular que dice: «el que no ha ido a Sevilla no ha visto maravillas», y la verdad es que esta ciudad tiene un color especial. Para empezar estacionamos el carro en el apartamento que alquilamos en la zona de Triana y no lo volvimos a sacar sino cuando nos fuimos una semana después. La ciudad es mejor recorrerla a pie que en carro, es plana y se camina fácil. Además, si agarras el carro te quedarás atascado en el tráfico. Es común ir caminando y ver bares con tablaos flamencos y gente gritando y riéndose a todo volumen. Nos pasaban las horas volando y la gente estaba hasta tarde en la calle, como si fuera mediodía.

Visitamos sitios como el parque María Luisa, muy bonito y céntrico. Allí los niñitos aprovecharon de jugar fútbol, hicimos nuestro acostumbrado picnic y recorrimos las plazas de España y América, integradas dentro del parque, donde hay mosaicos con mapas de todos los estados de España. En el parque hay carrozas jaladas por caballos y una feria con juegos mecánicos que pusieron por Navidad donde los niñitos gozaron.

También visitamos el famoso Alcázar de Sevilla, la espectacular plaza de Toros (aunque no comparto la afición de matar al pobre animal), la Torre de Oro, que realmente es una torrecita pequeña, y aprovechamos los buenos momentos de compartir la buena conversación en la mesa y probando la comida local en familia. La comida española es deliciosa y el español se toma el tiempo para la buena mesa y la sobremesa, es decir, el tomarse algo y conversar luego de comer. Eso para mí es sinónimo del buen vivir y me encanta esa calidad de vida.

Sobre lo que comíamos y lo que comemos

Los niñitos han ido cambiando sus hábitos alimenticios: están abiertos a probar nuevas cosas dentro de su dieta, ya hay frutas siempre en su menú, lácteos, vegetales, por supuesto dulces, embutidos, fiambres y charcutería, y es que nuestra despensa iba variando según el sitio en el que estábamos. En España estuvo llena de jamón serrano, lomo embuchado, salchichón, pan campesino, queso manchego, papas, huevos, frutas, yogurt, los infantables donuts («rosquillas» en España), pasta, atún, salmón ahumado, lechuga, galletas de soda, chocolate y hasta harina Pan conseguimos por esos lares.

Nos hospedamos en lugares con cocina, aunque no todos tienen todo; en algunos no hay horno, en otros no hay microondas, pero así nos íbamos acomodando para cocinar y para la compra de la comida. De lo que sí estábamos contentos era que, con lo mucho o poco que tuviésemos, compartíamos todo lo que estaba a nuestro alcance con los más necesitados, y los niñitos apreciaban mucho cuando colaboraban con las entregas. Nos sorprende lo mucho que se puede hacer con poco y cuántos lo necesitan.

Navidad hecha en casa

Días antes de llegar a Madrid, ya Clementina estaba ansiosa por llegar, no porque le encante Madrid, sino porque sabía que allí recibiríamos al Niño Jesús y debíamos ambientar la casa de Navidad. Por más que estuviésemos de nómadas, viviendo de una maleta, no concebíamos una Navidad sin Nacimiento (Pesebre o Belén, como le dicen en España).

Así que en lo que pisamos Madrid pusimos a funcionar nuestra creatividad. Clemen y yo compartimos el gusto y la facilidad para las manualidades, nos gusta cocinar, hacer cosas con las manos, y este proyecto de Navidad lo gozamos al punto de no querer que se terminara.

Nos fuimos al parque del Retiro y cual jardineras empezamos a limpiar los pinos sacando ramas pequeñas y recogimos palitos de madera de diferentes tamaños; luego fuimos a un comercio de chinos que tienen de todo y compramos luces, lana de los colores navideños, pega, ¡y manos a la obra! De estos materiales sacamos: el Nacimiento, una corona de pino natural para guindar en la puerta, una corona de Adviento y una versión muy peculiar del arbolito de Navidad, elaborado con palos de distintos tamaños de ramas de pino.

Lo importante es vivir la Navidad, ¿verdad? No importa si el nacimiento es caro o de papel, porque la emoción es la misma. Cuando tienes claro que en Navidad el protagonista es el Niño Jesús, entiendes que debes darle un regalo: compartir, cantarle aguinaldos, visitarlo mucho en la iglesia, tenerlo muy presente todo el año.

Creo que de ahora en adelante no compro más adornitos en Navidad, porque mejor lo hacemos nosotros. Aquella fue una Navidad *Do it Yourself (hecho en casa).*

* * *

Los días de Madrid los pasamos tranquilos, con mucho tiempo en la casa haciendo *homeschooling*, leyendo, cocinando, viendo películas, con una vida sosegada. Nos sentíamos en territorio conocido y también estábamos cansados de tanta viajadera.

Como guardamos en nuestro corazón aquellos momentos de recién casados con mucho cariño, paseamos cada vez que podemos con los niñitos por esas calles para de alguna manera revivir esos días. Me acuerdo de aquel muchacho con el que me casé, al que no pude dejar ir, pero que ahora admiro en todas las facetas que me ha mostrado como padre y como persona. A su lado soy mejor y él es mejor a mi lado.

Alquilamos un piso cerca del museo Reina Sofía que tenía tres habitaciones; un espacio grande para lo que nos habíamos acostumbrado desde hacía algunos meses. El piso, como se le dice a los apartamentos en España, tenía además una pequeña cocina, lavadora, no había secadora pero tenía cuerdas para guindar la ropa a secar, una pequeña área social con salón y comedor, una televisión y una vista a la avenida Las Delicias. Entre el ambiente navideño, el clima de invierno y nuestra comodidad de estar como en casa, estábamos felices.

Mis hermanos volaron a Madrid para Navidad. Así que tendríamos una cena navideña con familia de visita y todo, ¿qué más podíamos pedir?

Para la cena del 24 de diciembre cociné dos lomos de pavo rellenos de nueces y ciruelas, un arroz con pasas, ensalada y pan de jamón hecho en casa, con el apoyo moral y operativo de Jose Enrique y mis dos hermanos, quienes se encargaron demnatener entretenidos a los niños, limpiar y recoger la casa y preparar los regalos de Navidad, ambiente festivo por doquier. Fuimos a la Misa de Gallo a las 12 de la noche y luego, ¡a comer! Y a cantarle aguinaldos al Niño Jesús para que llegara rápido.

Al día siguiente los niños se levantaron temprano como de costumbre los 25 de diciembre. Emocionados corrieron a la sala, donde encontraron pequeños y prácticos regalos que le había dejado el Niño

Jesús, ideales para llevar en la maleta, nada de bicicletas ni tiendas de acampar este año, que todavía nos faltaban seis meses de viaje. Comimos sobras de comida del dia anterios y fuimos a misa para celebrar la llegada del Niño Jesús.

* * *

Por aquellos días, a estas alturas del viaje, en nuestra familia, José Enrique y yo tuvimos, una vez mas, momentos y situaciones normales de la convivencia diaria donde caímos en desencuentros desesperados, diferencias naturales que tienen las personas por múltiples cosas, teniendo la bendición de reconocer en la familia un lugar de perdón, amor y felicidad que puede más que cualquier diferencia, todo sobre la base del respeto.

Como estamos juntos todo el tiempo, los niñitos han presenciado discusiones nuestras, donde debatimos roles, nos echamos culpas, y nos reprochamos y desautorizamos a diestra y siniestra. Sí, nos equivocamos, a veces no puedes hacer esperar un comentario, porque es como una olla de presión que se va rebosando, pero por allí leí que es bueno que tus hijos presencien tus discusiones para que vean que no todo es color de rosa, que en el matrimonio no todas las veces estamos de acuerdo, y está bien discutir para conocer diferentes puntos de vista y llegar a un acuerdo.

No existe la familia perfecta, no somos perfectos, tenemos quejas unos de otros, no es tarea fácil, pero hay que trabajarlo con buena voluntad, dejando los egos atrás, siendo humildes. No hay matrimonio o familia saludable sin el ejercicio del perdón. El perdón es fundamental para nuestra salud emocional y supervivencia espiritual. Sin el perdón, sin una disculpa sincera, la familia se vuelve un espacio de conflictos y un cúmulo de amarguras.

El perdón es la liberación del corazón de rencores, amarguras y cosas malas. El que perdona se libera, es mas fuerte y da paso a la siguiente pagina de su vida. Quien no perdona no tiene paz en el alma ni comunión con Dios. Quien no perdona padece física, emocional y espiritualmente.

Es por eso que la familia necesita ser un lugar de vida y no de culpa. El perdón trae alegría y cura la tristeza.

* * *

En nuestro último paseo por el parque del Buen Retiro de Madrid, antes de partir rumbo a Porto, Portugal, nos llamó la atención una placa que firmaba Justo Arosemena y que ponía:

«La patria del hombre es el mundo, y si en mí consistiera, borraría de todos los diccionarios la palabra extranjero».

¡Qué bonita reflexión! Nos sentimos muy identificados, porque a esas alturas de la aventura nos sentíamos del mundo, seres humanos que pululan por la Tierra en busca de semejantes, gente que piense como nosotros pero sin nacionalidad determinada. Y es que al final del día somos todos iguales, buscamos la felicidad y nos alegran y entristecen las mismas cosas.

Nos fuimos felices a pasar año nuevo en un lugar nuevo para todos: Porto, Portugal. La primera impresión es la de una ciudad muy alegre, pequeña, con sus azulejos de diferentes colores. Su gente es amable, cariñosa, dispuesta a ayudar. Su comida es muy rica y sus panaderías nos recuerdan a las panaderías tan populares en nuestra Venezuela, con pasteles de jamón, cachitos y demás biscochos hechos a mano en la madrugada para que estén calientes para disfrutarlos en el desayuno.

Nos quedamos en un apartamento que alquilamos justo a diez minutos a pie del centro de la ciudad. Nos recibieron Mira y José, unos anfitriones excepcionales por su amabilidad y su hospitalidad, en una casa que con mucho cariño han mantenido y remodelado con sus propias manos. Se nota que Mira es buena con las manualidades, pues ella misma ha cambiado las pantallas de las lámparas, decorado y pintado los muebles antiguos de su suegra para modernizarlos. Y José se encargó de colocar pisos, revestir paredes y cambiar gabinetes. El resultado es un espacio cuidado y querido, con muy buen gusto, en el cual te sientes en casa. Al ver a esta pareja se siente el amor entre ellos, las risas y las angustias que vivieron mientras remodelaron ese nido que nos albergaría por unos días a nosotros.

Al día siguiente no tuvimos fuerzas para salir de la casa. El viaje desde Madrid fue de seis horas contando las paradas para colocar gasolina e ir al baño. Sentimos un cansancio residual, acumulado de todos los viajes que habíamos hecho en tan corto tiempo. Y nuestra energía física había bajado, el cuerpo no nos daba a ninguno de los cinco. Los dolores de espalda de José Enrique se intensificaron, producto de largas horas de manejo en carretera y caletear las maletas. Los niñitos estaban cansados de viajar en carro, contando los días para el próximo avión a finales de mes. Nosotros nunca hemos sido de esas familias planificadas que tienen un itinerario de visita de museos, lugares turísticos y puntos de interés. Más bien llegamos, vemos qué tenemos cerca, paseamos a pie la zona, jurungamos mapas y visitamos lo que nos va llamando la atención. Así de relajados somos. Pero es que este trote requiere de entrenamiento físico y mental, y sin duda ya nos estaba pasando factura.

Tres días después, sí, se lee tres, de hibernación, cuando al fin las fuerzas nos dieron, aprovechamos y fuimos al mercado municipal, a la estación central de trenes, a la catedral y a la Livraria Lello (librería en la que se inspiró J. K. Rowling para ambientar su exitosísima novela, *Harry Potter*). Paseamos por el puente Don Luis I, sobre el río Duero, donde, por su vista magistral, sientes al pasar que estás metido en un cuadro de algún pintor famoso. Esas eran las imágenes que fuimos acumulando en nuestros recuerdos más agradables.

Recibimos el año nuevo en la plaza de Gracia. Era todo un desmadre bien organizado por la alcaldía de Porto; un gentío, en su mayoría joven, con fuegos artificiales, vigilancia policial y música a todo dar, y en medio de todo eso la familia sin agenda. Lo recibimos abrazados, cantando y viendo para arriba las luces, agradecidos por estar juntos. 7, 6, 5, 4, 3, 2, 1...¡Feliz año 2017! Cuántas cosas nuevas nos faltaban por vivir.

Al día siguiente sonó el timbre y al abrir no había nadie. Habían dejado un paquete en la puerta con una nota escrita en portugués de parte de Mira y José. Para nuestro asombro, aunque no sabemos portugués, este idioma es muy parecido al español y nos pudimos comunicar bastante bien con nuestros nuevos amigos. El paquete contenía un Pan de Ló, un bizcocho típico de Portugal, que se prepara en un molde especial hecho de barro y que nos explicaron que no se lava, sino que se limpia con un trapo húmedo y se va curando para que cada vez quede mejor. En cada casa portuguesa hay uno. ¡Qué detalle! ¡Qué calidad humana la de nuestros anfitriones! Nos sentimos muy consentidos y atendidos en Porto. Ese mismo día por la tarde, nuestros *hosts* nos invitaron a tomar vino en su casa, donde compartimos con su familia y un pequeño conejito que le hizo el día a nuestros hijos; qué buena manera de comenzar el año.

Siguiendo nuestro recorrido por Portugal, nos dirigimos hacia el santuario de Fátima, en la Cova da Iria. Aquel año se conmemoraban los 100 años de la aparición de la Virgen en el pueblo de Fátima a los tres pastorcitos, Lucía, Jacinta y Francisco. Ellos eran niños de origen humilde, con familias muy católicas. La virgen le dijo a Lucía, la mayor de los tres, que ella sería la encargada de pasar el mensaje de la virgen: hacer una iglesia en ese lugar. Y también le dijo que debía rezar el rosario diario.

Vimos el documental que cuenta cómo ocurrieron las apariciones antes de ir, porque queríamos que los niñitos comprendieran el valor del sitio que estábamos a punto de pisar. Allí estuvo la virgen, y sin duda la fe es lo que le da la importancia que tiene.

El santuario es enorme, dato que da a entender la gran masa de feligreses que visitan ese recinto todo el año. Destaca una gran iglesia donde descansan los restos de santa Jacinta y san Francisco. Una parte que nos sorprendió porque no habíamos visto nada igual fue una gran hoguera donde los fieles prendían velones de tres metros de largo, para hacer sus promesas. Son velones larguísimos, del tamaño de los favores que pide la gente, y también habían velones en forma de piernas, en forma del órgano del corazón, de brazos, de cabezas de cera, dependiendo del tipo de favores. Me imagino, si el problema de salud fuera la impotencia, qué colocarían, qué imagen tan grotesca. Por la recuperación de mi pierna, dirán unos; por la operación de mi corazón, dirán algunos otros. Mucha fe, mucha esperanza puesta en esa cera derritiéndose a llama viva. La imagen es sobrecogedora. También se ven personas andando de rodillas por un camino recto hacia la iglesia, lo que significa unos 1.000 metros de promesa a rodilla pelada.

«Una vida sin Dios es solo un montón de horas perdidas» decía en una pared que vimos. La sabiduría divina se encuentra en los lugares menos sospechados.

Siguiendo nuestro recorrido por este noble país, llegamos a su capital, Lisboa, a hora y media en carro del Santuario de Fátima.

Hay tres lugares importantes que conocer por esos lares: el casco histórico de Lisboa, Belén y Sintra. En Lisboa llama la atención el viejo tranvía amarillo, que circula por las calles principales transportando a unos pocos afortunados que parecen transportarse en el tiempo al montarse en este artefacto de principios del siglo XX, como en la película *Midnight in Paris*, donde pasaba el coche antiguo en una de las avenidas de París y te teletransportabas años atrás al entrar al coche. Es una ciudad de colina, y si subes la cuesta para llegar al Castillo de San Jorge, la vista te premia con una panorámica de la ciudad que llega al mar. ¡Imperdible!

En Belén no pueden dejar de probar los famosos pasteles de Belén que son de crema pastelera de vainilla quemada. ¡Un pecado no comerlos! Es un *bocatto di cardinale*.

En Sintra, a una hora en carro desde Lisboa, hay un *tour* de castillos, pero en realidad nosotros, en nuestro ritmo *slow* (aunque algunos nos decían que íbamos a ritmo de familia-sin-agenda), decidimos pararnos donde quisiéramos y conocer hasta donde podíamos; así que nos paramos en un letrero que decía: Castelo dos Mouros. Nos transportamos a la época de los caballeros y las princesas, comenzamos a caminar por esos caminos de piedra llenos de bosque húmedo y musgo fresco. No era difícil imaginar una cruzada para rescatar a la princesa con ese escenario tan realista. Los niñitos estaban realizados y nosotros, viéndolos a ellos jugar, también. De vez en cuando nos sorprendían las ardillas, algunos arcos de piedra, escaleras que llevaban a otros caminos, entonces debíamos decidir si a la derecha o la izquierda. Estuvimos caminando sin darnos cuenta unas dos horas, hasta que llegamos al fuerte del castillo, donde había cañones y calabozos para darle más realismo a nuestra película medieval.

Resultó un paseo súper divertido y un ejercicio genial.

Resoluciones de año nuevo

Siempre los comienzos de año son como comenzar de cero, una nueva oportunidad para hacer las cosas mejor, o hacer nuevas cosas. Estábamos fascinados con nuestra experiencia maravillosa de viaje, al punto que nos sentimos culpables de tanta suerte, y queríamos pasar el testigo a otras familias que se animen y se atrevan a hacer este viaje. Puede ser el viaje de tu vida, pero a lo mejor piensas que no puedes hacerlo. Yo pienso que sí se puede y se debe hacer, en la medida de las posibilidades, esto o algo parecido en la vida.

Siempre nos recordamos ideas como: **la vida es una, viaja, el dinero se recupera, el tiempo no**. Ya que tienes la suerte de estar vivo, pues, es obligatorio vivir ¿no?

En este sentido, buscando hacer las cosas cada vez mejor y dejar nuestra huella en este mundo, o al menos intentarlo, José Enrique y yo ideamos una campaña de fomento y rescate de valores de familia, la cual difundimos a través de las redes sociales. De esta manera sentíamos que estábamos dejando un legado de esta experiencia en otras almas. La idea de este libro se gestó por estos días también.

El objetivo de la campaña #laagendaeslafamilia fue principalmente promover la práctica de valores de familia que nosotros practicamos aquel año diariamente y nos ayudó a mejorar nuestra calidad de vida. Fueron 10 semanas de campaña de información donde respondimos inquietudes, compartimos, dimos consejos; en resumen, bajo nuestra óptica, aportamos un granito de arena a una mejor sociedad. Si nuestro humilde ejemplo sirve para que otras familias mejoren la calidad de sus relaciones que al final del día son la esencia de la felicidad, pues nos sentimos más que satisfechos y honrados compartiendo nuestras aventuras.

Entre las prácticas que resaltamos en nuestra campaña estaban:

1. El abrazo en familia. Nosotros nos abrazamos todos juntos por lo menos una vez al día. A los venezolanos no nos cuesta mucho abrazarnos, el contacto físico es parte de nuestra idiosincrasia. El abrazo nos une físicamente pero también emocionalmente, nos da confianza en nosotros mismos y en el otro. Nos vemos a los ojos, capturando el momento. Este abrazo nos puede acompañar en nuestro día, llenándonos de energía para afrontar la jornada. Un abrazo es decir te quiero sin abrir la boca.

2. Comer juntos al menos una vez al día. La frase de esa semana fue «Familia que come unida...». No sé si a ti te pasa, pero en el día a

día con las múltiples actividades, antes de este viaje, se nos hacía cuesta arriba comer todos juntos con los pies bajo la misma mesa. Nosotros tuvimos la oportunidad durante un año de compartir todas las comidas juntos, y los avances que vimos en seis meses fueronreveladores. Por ejemplo, pudimos reforzar los hábitos y las normas de educación en la mesa, como «no mastiques con la boca abierta», y otras cosas más. También aprendimos a aprovechar las tapas del pan, esas que (por lo menos en mi casa) se desechaban por no ser consideradas dignas para hacerse un buen sánduich. En estos días de crisis mundial, donde nos damos cuenta de la cantidad de personas pasando hambre, que el comprar el pan nos cuesta cada vez más, ¡no desechemos las tapas! Enseñamos a nuestros hijos a aprovechar la comida, a no desperdiciar ni una sola miga de pan. Familia que come unida conversa de su día, promueve una alimentación saludable, pero sobre todo, al terminar recoge la mesa unida, cosa que a las mamás nos alegra bastante porque nos alivia la carga de trabajo y nos ayuda a criar seres humanos considerados.

3. Hacer planes juntos. Aquí quisimos fomentar el trabajo en equipo, la complicidad y el salir de la zona de confort. Para lograr esto los viajes hacen maravillas, y no tiene que ser un año completo de viaje como nosotros, puede ser una escapada de fin de semana, una tarde.

4. El valor de la solidaridad. Nunca es tarde para aprender a desprenderse de las cosas materiales, compartir nuestra comida con el que más lo necesita nos ha traído muchas satisfacciones.

5. Hacer deporte juntos. En el deporte, como en todo en la vida, el esfuerzo es resultado. Con el ejemplo les estamos enseñando que

cuidar de tu salud es sinónimo de tener una vida sana y una autoestima elevada.

6. Rezar juntos. Les hemos fomentado a nuestros hijos el rezar juntos y también solos. Tener a Dios cerca en sus pensamientos, ya que para nosotros ha sido vital, es nuestro refugio, nuestra fortaleza, nuestra herramienta para afrontar las adversidades de la vida. Es todo. Hemos adquirido el hábito de rezar unidos el rosario de manera diaria.

7. Tener objetivos en común. Tener un interés en común crea una conexión especial entre dos personas. Practicar un deporte, cocinar juntos o planificar un viaje puede crear esa complicidad sabrosa que recordaremos para siempre.

8. Cuidar el medio ambiente. Cambiar plástico por vidrio, o plástico por papel, reutilizar, vivir con austeridad aprovechando los recursos, hace que cuidemos nuestro planeta, que es el único que tenemos.

9. Momentos por separado con cada uno. Tener esos momentos de complicidad hace que nuestros lazos se estrechen y podamos abrirnos a compartir esas inquietudes que tenemos dentro de nosotros. Pequeñas citas 1/1.

10. Ser positivo, ser amable, hacer el bien.

Hellooo again Miami!

Llegamos al nuevo continente de nuevo, a nuestro continente. Más que listos para un poquito de calor después de tanto frío invernal. Es bálsamo para nuestra alma, o por lo menos para la mía que es friolenta y temblorosa.

Como esta experiencia da para todo, quisiera compartir contigo unas líneas sobre los cambios que experimentamos hasta aquella altura del viaje. Cambios realmente únicos, como única fue esta experiencia.

Es increíble cómo, por ejemplo, al estar expuestos a diferentes climas, varias ciudades de un mes a otro, donde los alimentos, el agua, la contaminación son tan diferentes, podemos experimentar cambios si bien leves, notables en nuestro sistema.

En cuanto a lo físico experimentamos cambios en la piel: más reseca, producto de cambios bruscos del clima, con algunas imperfecciones producto de probar nuevos alimentos.

El agua no es la misma en todos los sitios que hemos visitado, por lo que siempre preguntábamos si se podía beber del grifo antes, y si no, comprábamos agua embotellada. Este, nos dimos cuenta, fue otro factor contribuyente al cambio que experimentamos. La composición del agua que bebemos (y con la que nos bañamos), diferente en cada sitio, influye en nuestro sistema digestivo, cambia la textura del cabello (que tiende a caerse), y en la piel, con espinillas también producto de una alimentación desordenada. Nuestra dieta se alteró por la introducción de nuevos productos locales que no podíamos dejar de probar, ya que probar las comidas típicas era parte de la experiencia, lo cual nos hizo ganar algunos gramos que fuimos balanceando con mucho ejercicio. En conclusión, nuestro organismo estuvo un poco sin agenda también.

Me pareció curioso y por eso quise compartir esta situación que vivimos en ese momento. Tal vez en unos años, revisando los registros del viaje, nos riamos recordando estos cambios que experimentamos, aunque en el momento les digo que no fue nada agradable ver cómo nuestros cuerpos cuidados se deterioraban.

Pero el mayor cambio no fue físico, sino espiritual. El otro día me preguntaban cuál había sido el mayor aprendizaje que nos había aportado el viaje y la respuesta es, sin duda, la capacidad de adaptación a todo, el no enrollarnos por cualquier cosa, el ser más tolerantes, el ser más humanos, entender la posición del otro, paciente y respetuosamente. Entender, por ejemplo, que todos esos cambios físicos son un *trade-off* por cumplir el objetivo trazado, entender esos cambios al contrastar nuestra realidad con la del mundo visitado. Entender que a veces nos complicamos la vida por cosas tontas, y que mal de muchos no es consuelo de tontos, sino ser conscientes de que no estamos solos y que juntos podemos idear una manera mejor de resolver los problemas. Los cambios siempre son buenos, nos hacen crecer y madurar.

Miami es igual a familia

Nos reencontramos con los primos, tíos, hermanos y con los abuelos que estaban de visita por el bautizo del primo menor: Fefe, un bebé de estos que te provoca apretar, gordo y suave, y siempre sonriente. Mí ahijado Fefe.

Siempre al ver a la familia nuestro sistema pasa a modo crucero. Nos sentimos a salvo, contentos y más relajados de lo normal. Tenemos ese apoyo de nuestra tribu para cuidar a los niños, y entonces aprovechamos para relajarnos un poco, nos sentimos acompañados y nos cargamos de toda esa energía que necesitamos para seguir el camino.

Al llegar éramos la novedad, todo el mundo quería saber de nuestros viajes, nos llegaban invitaciones de conocidos y no tan conocidos para reunirnos y contar un poco acerca de nuestra aventura, y nos decían si podíamos soportarnos tanto tiempo seguido, o que cómo hacíamos con el *homeschooling*, con el presupuesto, que si éramos millonarios (nada más lejos de la realidad). La verdad, estábamos encantados con toda esa atención, pero no entendíamos la magnitud de nuestra hazaña. Estábamos en una nube, procesando lo vivido y anticipando lo que venía, que todavía nos quedaban seis meses por delante para devorarnos en aventura.

En más de una oportunidad se me acercaron precisamente a preguntarme cómo hacíamos en la convivencia diaria de pareja. Les respondí directamente que había momentos de momentos, como para detener el bombardeo de preguntas. Qué tema más personal. La verdad hay momentos límite en los que por lo menos yo extraño mis espacios de soledad, claro que sí. Nos irritamos con mayor facilidad, también es verdad, al estar juntos las 24 horas los temas de conversación se agotan, y a veces solo estamos en un silencio reconfortante uno al lado del otro. Nos hemos llegado a conocer tan bien que podemos entender que estas son reacciones naturales ante una convivencia tan estrecha y prolongada. Pero eso no quita que durante el viaje pasáramos días enteros viéndonos de reojo, diciéndonos antipaticuras, y bajo la mirada escrupulosa de los niñitos, quienes detestan vernos bravos. La clave, creo, es estar en la misma página, tener claro el objetivo, entender que es un proyecto demasiado grande para mancharlo con egoísmos o pretensiones individuales.

Las cosas más comunes y corrientes se vuelven relevantes cuando se nos hacen inalcanzables, como una ida al cine en pareja o una tarde de spa de esas de la época de soltería, cuando me hacía exfoliación, mascarilla, hidratación y pepinos en los ojos.

Uno de los *Miami days* tuvimos el chance de escaparnos dejando a los niños bien cuidados con sus abuelos y lo aprovechamos al máximo cual recién empatados. Nos besamos desde el carro, y se sintió bien hablar libremente sin censura de temas triviales, sin postura de padres. No sé si a ti te pasa, pero yo cuando salgo así, sin los niños, siento dos cosas: me falta algo y camino como con ruedas, como más liviana, siento que voy más rápido, sin el pendiente de tenerlos en la mira y atenderlos a ver si necesitan algo. Es una sensación de ancla y zarpe a la vez; qué raro, las mamás estamos un poco locas, eso sí seguro, y nunca nos libramos de sentir culpa. En fin, en este punto valoramos mucho estas pequeñas cosas, como esa oportunidad de salir solos, y otras tantas que al fin y al cabo son el azúcar de la vida.

Ya conocíamos Ciudad de México. Tenemos unos muy buenos amigos mexicanos, gentiles, amables, hospitalarios, hermanos. Además por esos lados vive la tía Mafe y aprovechamos para visitarla.

Para nosotros México es tequila, risas incontrolables, sabores fuertes y mucho color. Aunque somos de comer poco picante, nos encanta la sazón mexicana, los tamales, los tacos y las tortillas de maíz cuyo olor se te mete hasta los huesos cuando caminas por sus calles.

Es una ciudad grande y congestionada, con muchísimas cosas que ver. Tiene aproximadamente 150 museos, todos de calidad en sus exhibiciones y contenido. Su comida es muy variada y rica en sabor. Probamos tamales, tacos al pastor, enchiladas, quesadillas (las preferidas de los niñitos) y nos encantaron sobre todo sus aguacates, cremosos y perfectos acompañando cualquier comida.

Nos quedamos en un apartamento arrendado por Airbnb porque estaríamos 36 días y necesitábamos una cocina, una lavadora y espacio para las sesiones de *homeschooling*. El edificio era muy antiguo y estaba deteriorado, se parecía a la vecindad del Chavo. Pero fue agradable estar en una zona como la Colonia Roma, con todos los servicios a mano y restaurantes pintorescos que nos ayudaron a sentirnos como un mexicano más, el mexicano de a pie, que es lo que estábamos buscando. Caminando por la acera, la nariz te va guiando entre carrito y carrito, donde se preparan manjares de tuna, con tortilla, con guisos diferentes; otros venden dulces de colores y otros simplemente mangos pelados en vasito listos para comer.

Todos los días nuestra rutina era desayunar, hacer *homeschooling*, y a veces ir a jugar fútbol al parque más cercano, y después caminar a misa, en la Iglesia de la Sagrada Familia. Cada día, a cierta hora, nos sorprendía una melodía que provenía de la calle, que en forma de voz femenina, con puro acento mexicano a toda voz rezaba:

—Lavadora, secadora, estufa, microondas, todos los fierros viejos que tengaaaaaaa.

Se trataba de un camión que pasaba todos los días a recoger electrodomésticos, enseres de hierro y hasta colchones viejos que la gente botaba. Me imagino que ellos los reciclan, para sacarle repuestos, reutilizarlos en otras funcionalidades. Ahora, cada cierto tiempo, nos viene a la mente esa «canción» y nos reímos recordando con nostalgia nuestros días mexicanos.

A los pocos días de llegar, comenzamos a resentir la contaminación propia de la atmosfera del D.F. mexicano. Comenzamos a sentir dificultad para respirar, y esto aunado a una temperatura cambiante y la altura, la fórmula perfecta para una peste que no perdonó a ninguno de nosotros. Pasamos los siguientes 10 largos días postrados en la cama, todos, con pequeños movimientos para comprar comida en el mercado de enfrente: una sopa, un sánduich, alguna medicina. La enfermedad fue evolucionando favorablemente para dejarnos por fin, aunque bien agotados. En medio de todo, fue cosa de Dios que nos enfermáramos en México. Imagínense que nos hubiéramos enfermado en Suecia, hubiera sido catastrófico, solos, sin poder comunicarnos bien, con el clima helado, todo mal. Por lo menos aquí podíamos pedir medicamentos en nuestro idioma y sin mucho récipe en la farmacia, y además teníamos cerca a la tía Mafe, que nos trajo comida para reponer fuerzas. Que suerte tenerla cerca. El ser humano es muy frágil, pero no nos damos cuenta sino cuando estamos en situaciones límite que nos ponen a prueba y nos obligan a establecer prioridades y nos muestran esa fragilidad.

También por esos días entramos en pánico, hubo caos total. Por casi tres días estuvimos totalmente incomunicados al quedarnos sin cargadores de celular, iPad y computadora. Algunos los fuimos botando en el camino, los olvidamos en casa de amigos o sencillamente se rompieron por el uso, pero así estamos de acostumbrados a los *gadgets* informáticos que nos sentíamos como en la época de las cavernas; además, no teníamos televisión, ni radio, ni línea de teléfono local; solo contábamos con Wi-Fi, por lo que los niñitos tenían cara de ¿y ahora?, ¿cómo vamos a sobrevivir? Cuando lo lógico realmente es que existen otras muchas posibilidades y actividades, como retomar la lectura de un buen libro en una plaza o biblioteca, juegos de mesa, etc., que se van olvidando por los botones y la practicidad electrónica. Este fue un reto en el que nos gustó trabajar con ellos, no enfrascarnos con estos aparatos aun cuando sabemos lo útiles que son, especialmente para este tipo de viaje.

Creemos que lo importante es utilizar estas herramientas tecnológicas con moderación, que no sustituyan nunca una buena conversa, cara a cara, viéndonos a los ojos, la lectura de un buen libro, perder la magia y el contacto de compartir en la mesa, juntos, no por WhatsApp.

Aprovechemos los avances de la tecnología y sus bondades, cuidando de cerca el contenido al que tienen acceso nuestros hijos y también los mayores. El control es muy importante, y que sirva para unirnos, ya que muy fácil es lo contrario.

Hay un dicho popular muy comico que dice:

«Me quede sin internet unas horas y conocí a unas personas geniales, dicen que son mi familia».

Una vez salidos de la peste bubónica que nos dio nos dispusimos a dar una buena probada a grandes cucharones al México que recordábamos y estábamos dispuestos a mostrarles a nuestros hijos.

Dimos nuestro acostumbrado recorrido de reconocimiento y decidimos aplicar la "campaña compartir" en nuestro entorno: agregar valor a nuestro alrededor haciendo limpieza y dando al necesitado.

Buscamos tener una actitud de servicio adecuada, cuidar el ambiente con jornadas ecológicas, no una postura pasiva, sino acompañada de una acción. Como decía san Ignacio de Loyola: «El amor se debe poner más en las obras que en las palabras». Así puede mostrar toda su fecundidad y nos permite experimentar la felicidad de dar, sin medir, sin reclamar pagos, por el solo gusto de dar y de servir.

Luego, nos avocamos a lo turístico. ¡Mexico tiene mucho que conocer! Una vez más recurrimos al Turibus, que nos paseó por todos los puntos importantes. Como esta ciudad es tan grande, aquí el turibus tiene cuatro circuitos, pero es imposible, debido al tráfico, hacerlos todos el mismo día. Nosotros hicimos el del centro histórico que pasa por el Zócalo, la catedral, el Palacio de Bellas Artes, y luego cambiamos al circuito Basílica para ir a visitar el santuario de la Virgen de Guadalupe. Por fin pudimos ir a verte, virgencita, para darte las gracias mil veces por un viaje mágico en el que nos habías acompañado todo el tiempo. El santuario es, al igual que el de Fátima, de extensiones muy grandes, para albergar a grandes multitudes. Por dentro siempre hay rosas rojas y congestión de oraciones y suspiros. Es inspirador visitar estos sitios donde más allá de pedir o agradecer nos hacemos una sola voz en nuestro credo, pero sin importar sexo, raza, posición económica o edades. Es bonito sentirse hermanos.

Para los niños el Papalote Museo el Niño es una parada obligada. En este museo los niños exploran juegos relacionados con la naturaleza, el cuerpo humano, aprenden datos curiosos sobre la ciudad de México, su historia y su estructura. Tuvimos la oportunidad de visitarlo y aprovechar dos reproducciones sobre el universo y sobre los parques nacionales en América; de verdad, ¡un lujo!

Otro parque a destacar es Kidzania, un parque *in door* que es una ciudad con supermercado, hospital, estación de bomberos y de policía, restaurantes y hasta gimnasio y estación de radio y televisión, todo a escala infantil. Los niñitos gozaron hasta más no poder explorando roles y manejando sus finanzas con el kidzos, la moneda que circula en esta pequeña ciudad, donde los padres estamos de fascinados observadores.

Por su parte, la Feria de Chapultepec es un parque de atracciones mecánicas gigante y espectacular. Todos disfrutamos de las montañas rusas y carritos chocones, con una parada obligada en los *snacks* para disfrutar de un buen *hot dog*.

¡Mafe y Federico nos llevaron a conocer en carro! No dejen de ir los sábados al barrio de San Ángel, al bazar de San Jacinto, donde encontrarán en sus plazas muchísimos puestos de artesanos con bellezas en textiles, vasijas de barro, trabajos en plata, pintura y muchas cosas más, además de comer rico en sus múltiples propuestas gastronómicas.

Los Bosques de Chapultepec son el pulmón vegetal del D.F. Son 678 hectáreas de vegetación, con atracciones, lagunas con botes a pedal y amplias extensiones de terreno dedicado al esparcimiento. En medio está el Castillo de Chapultepec, el único castillo real en América, donde vivió el emperador Maximiliano I de México junto con su consorte, Carlota de Bélgica.

También están los Viveros de Coyoacán con muchas piñas y ardillas que caminan contigo en este bello parque donde tuvimos la oportunidad de recibir una clase de yoga al aire libre que nos regaló mi amiga Eugenia.

El Miércoles de Ceniza fuimos a misa en la Iglesia de la Sagrada Familia, en la colonia Roma Norte. El sacerdote decía: «Arrepiéntete y cree en el evangelio» o «Recuerda que polvo eres y en polvo te convertirás». Nos pusieron las cenizas con un sello con la santa cruz en la frente y así estuvimos parte del día hasta que se esfumó el polvo. La imposición de las cenizas nos recuerda que nuestra vida en la tierra es pasajera y que nuestra vida definitiva se encuentra en el cielo.

Durante el fin de semana estuvimos en el estado de Michoacán de Ocampo, específicamente en Morelia, su capital, contando con unos anfitriones inolvidables, nuestros buenos amigos Estefanía y Octavio. Es literalmente imposible ir a una cena en su casa y salir antes de la madrugada. Desde que llegamos se desvivieron en atendernos como reyes, no porque seamos especiales, sino porque con todos son así de atentos, son bellísimas personas y estamos muy agradecidos de ser sus amigos. Hubo parrilladas, fiestas sorpresa, muchos tacos, visitas al centro histórico, ¡y hasta mariachis! Me encantan los mariachis, su música es muy romántica, me da ganas de llorar de emoción y reír de belleza. Cuando la escucho, se me acelera la respiración con esas voces graves y esos versos tan sentidos que me llegan al corazón.

En Morelia hay un callejón muy pintoresco, le llaman el Callejón del Romance Moreliano, que ofrece un marco perfecto para enamorarse, con sus ventanas coloniales, los faroles a media luz, sus paredes de colores fuertes y flores en contraste que guían a las parejas en su búsqueda de un rincón tranquilo y privado para que florezca el amor. Así es México, una película de amor. En las paredes se pueden ver pequeñas placas con mensajes como estos:

Portales donde se esconden
el amor en raya de agua
de papel con flor de oro
y dos palomitas castas.

En la plaza de Carrillo
la feria nunca se acaba:
el corazón y la muerte
se enamoran en las tablas
mientras la muerte se ríe
el corazón se desangra.

Me encanta la poesía, porque a ella no hay que entenderla, sino hay que sentirla. La poesía se parece a México, o él a ella.

Nuestros hijos, encantados, jugaron fútbol de mesa, caminaron por los campos de golf de la urbanización donde nos hospedamos gracias a los suegros de un amigo. El aire fresco y limpio nos sentó muy bien para nuestra aporreada salud.

Te dejo uno de los pasajes que leímos en el camino de Morelia:

«Estás intranquilo, mira, pase lo que pase en tu vida interior o en el mundo que te rodea, nunca olvides que la importancia de los sucesos o de las personas es muy relativa. Clama, deja que corra el tiempo y después, viendo de lejos y sin pasión los acontecimientos y las gentes, adquirirás la perspectiva, pondrás cada cosa en su lugar y

con su verdadero tamaño. **Si obras de este modo, serás más justo y te ahorrarás muchas preocupaciones» (Camino 702).**

México siempre es una idea genial y nunca nos olvidaremos de su calor humano. Lo recordamos con cariño y con ganas de volver siempre.

* * *

Un testimonio de fe que nos ha regalado la vida es la noticia de que hace pocos días nos enteramos de que el sitio donde vivimos por 36 días en la Colonia Roma del centro del D.F. quedó reducida a escombros, producto de un terremoto de magnitud 7.2 que sacudió la vida de los mexicanos. Hubo muchos muertos. ¿Qué? ¿Que Dios no existe? Vamos de la mano, estoy segura. Él nos cuidó todo el viaje. Cuanod estuvimos en Mexico, en Roma, en Francia, y todavía faltarían mas pruebas por superar. Porque sé que Dios existe es que estoy segura de que siendo tan frágiles podemos lograr tantas cosas. Todos los días le pido a Dios que aumente mi fe, porque todavía en mi condición humana dudo algunas veces.

Llegamos a Estados Unidos, el imperio, el hogar de Mickey, la panacea para muchos, la bazofia más grande para otros. Es increíble cómo Hollywood ha instalado en nuestro inconsciente colectivo la imagen de este país, con frases como «El lugar donde todo ocurre», o «*The American Dream*», o «*What happens in Vegas...*», haciendo que tengamos muchas expectativas cuando lo visitamos. Vemos en las películas el modelo de la familia perfecta, con la vida perfecta y las aventuras ideales, y cómo nos encanta eso a los venezolanos. Nosotros nos declaramos culpables de los cargos de cinéfilos, y sí, nos encantan unas botas de *cowboy* y una buenas historia de Wall Street con secuencia policial, o una comedia romántica con acento sureño.

Dicho esto, entiéndase que llegamos con una sonrisa de oreja a oreja, dispuestos a recorrer cada rincón de este extenso país, o por lo menos varios puntos importantes. Entramos por California provenientes de México, con el susto típico de quien llega a un sitio admirado, en el que no quiere dar un paso en falso ni que nada le salga mal. Nos revisábamos a cada rato, para chequear que tuviéramos todo en su sitio. «Las tres P»: pasaporte, pasaje y plata. Todo salió bien en el aeropuerto y llegamos al hotel muy cansados, para recargar pilas y salir al día siguiente a nuestro acostumbrado recorrido por los alrededores.

¿Y cómo venir a Anaheim y no pasar por Disneylandia? Caminando a unas pocas cuadras de nuestro hotel con desayuno incluido estaba la mágica tierra de Mickey. De verdad el sitio es mágico, al pisarlo te sientes en otro planeta, uno donde las perfectas jardineras te cantan, donde todos tiene una sonrisa en la cara y todo lo que sueñas es posible.

Nuestros hijos disfrutaron mucho Downtown Disney, aunque no había dinero para visitar el parque. Pero tuvimos sesiones de *homeschooling* en librerías de la zona, donde hicimos días enteros en los que el plan era solo leer y jugar, comer, leer y jugar, y repetir hasta cansarnos. También nos dimos cuenta de que en los alrededores habían muchas personas en situación de calle, necesitadas, entonces nos organizamos para llevarles comida todos los días por lo menos a dos o tres, los que pudiéramos. Es importante para nosotros como padres hacerles ver a los niñitos que tienen que ver a su alrededor y ayudar a los demás. Así como cuando íbamos caminando atentos a nuestro alrededor y nos encontramos con una valla en la calle que nos describió exactamente en el *mood* en el que estábamos:

«*How long is forever? Sometimes just one second...*».

El tiempo. ¿Qué significa el tiempo cuando estas con quien quieres estar? El regalo más grande y generoso que puedes darle a otra persona es tu tiempo. La diferencia entre las personas con vidas exitosas y las que no lo logran radica en cómo manejan su tiempo. Si lograste hacer todas las cosas que te propusiste en un día tuviste un buen día. Si por el contrario te quedaron diligencias por hacer no fue un buen día del todo. Por esto debemos ver con lupa en qué estamos distribuyendo nuestras horas. Esto nos lleva a preguntarnos constantemente: «¿Estamos haciendo lo que realmente queremos hacer con nuestras vidas? ¿Estamos con las personas que queremos estar?» Lo que hace más definitivas estas preguntas es precisamente el tiempo, porque no vuelve, es irrecuperable, lo que pasó no se puede repetir para revivir lo bueno o borrar lo malo.

Entonces, ¿cómo ser dueño de tu tiempo? Nosotros decretamos estas premisas para repasar y analizar con nuestros hijos: más conversación y menos Wi-Fi. El tiempo real es mucho más divertido y satisfactorio que el tiempo virtual. Así que:

—No estés un día más en un trabajo que no disfrutas.

—En la medida de tus posibilidades ayuda a los demás.

—Persigue tus sueños, la vida pasa, ¿para cuándo lo vas a dejar?

–Tu tiempo vale mucho, más vale emplearlo en momentos de risas y no en discusiones.

–La vida es una, ¡vívela al máximo!

En los días siguientes visitamos Los Ángeles, una ciudad congestionada y cosmopolita; Beverly Hills, Hollywood, con la famosa calle de las estrellas, y otras calles conocidas gracias a las referencias cinematográficas.

El clima estaba frío y no pudimos bañarnos en la playa de Santa Mónica, pero visitamos los muelles que están llenos de atracciones, puestos de comida, tiendas y espectáculos. Fuimos al Malibu Pier y Santa Monica Pier, y el segundo resultó mejor que el primero.

Otro día fuimos a Laguna Beach, una costa llena de playas de arenas blancas y mar azul imposible, adornadas con casas de millones de dólares. Esto no es un reclamo a la desigualdad social ni envidia, es así, son casas lujosísimas que literalmente están por toda la costa y desembocan en el mar.

Estando en la playa, que es de acceso público, disfrutamos viendo una sesión de fotos de moda que estaban haciendo allí, al lado de nosotros. Fue el momento *fashion* del viaje.

Empezamos a recorrer el país hacia el norte por toda la costa oeste, hasta llegar a los alrededores de San Francisco, rodeado de parques nacionales, museos y bahías. Llegamos luego de un largo viaje desde el sur de California, por una autopista impecable, y es que es muy cómodo y seguro viajar en carro por Estados Unidos, los servicios funcionan y hay asistencia vial permanente. Las distancias en este país son bastante largas, por lo que es indispensable organizarse muy bien para que el tiempo en la vía se haga lo más placentero posible. Clemen, Kike y Nacho a esa altura del recorrido ya estaban muy adaptados a los viajes, aunque de vez en cuando les pegaba cierta desesperación. Por eso, una o dos paradas siempre son importantes para comer, ir al baño, cargar gasolina, estirar las piernas. Al capitán, José Enrique, le empezaba a molestar el área del tobillo, pero el piloto automático ayudaba bastante. Y hay que estar muy pendientes porque las multas son elevadas para los que sobrepasan el límite de velocidad y también para los que incurran en *littering*, es decir, botar basura en donde no corresponda a lo largo de la vía.

Nos quedamos en Vacaville, a media hora en carro de San Francisco, ya que quedarnos en la ciudad salía muy caro. Fuimos a conocer la fábrica de gomitas Jelly Belly, donde aprendimos sobre su proceso de elaboración y el desarrollo de la compañía que comenzó como un negocio familiar. Estas gomitas eran las preferidas del presidente Ronald Regan; desde sus inicios como alcalde de Sacramento, luego como gobernador de California y hasta su llegada a la Casa Blanca, nunca faltaban estas gomitas en su despacho o reuniones de gabinete.

Conocimos el famoso puente Golden Gate, rojo e imponente, el Muelle 39 de San Francisco con su Clam Chowder, y la ciudad con sus calles zigzagueantes que suben y bajan, tan peculiares como atractivas a la vista. Todos estos son puntos turísticos obligatorios al visitar San Francisco.

Antes de empezar a atravesar el país hacia el centro, no podíamos dejar de visitar los parques naturales de sequoias, que son los arboles más altos del mundo. Visitamos Muir Woods, uno de tantos de estos parques que protegen las formaciones vegetales milenarias. Compartir estos momentos con la naturaleza fue estupendo para todos, especialmente para nuestros hijos. Jugar con las ardillas, correr entre árboles muy viejos, caminar cerca del río, te conecta con la energía inocultable de la naturaleza.

Luego retomamos nuestro rumbo hacia el centro oeste del país, pasamos por Arizona, Nevada, y pernoctamos en Las Vegas dos días. Ojala nos hubiéramos quedado más tiempo, pero no pensábamos que nos iba a gustar tanto; creo que estábamos con sed de cosas mundanas y banalidad después de tanta naturaleza. La verdad no sé qué fue, si las luces llamativas, las escenografías de cada hotel gigantesco o la gente estrafalaria que vive en el Vegas Strip, pero lo cierto es que nos quedamos con ganas de más, y cuatro días hubiera sido la perfecta dosis que necesitábamos de esa locura.

Continuamos nuestro recorrido para llegar a la nieve y enseñarles a los niñitos a esquiar. Salimos de Las Vegas temprano y no sabíamos la belleza del recorrido, por eso recomendamos ampliamente hacer este trayecto en carro, desde Las Vegas hasta Salt Lake City, donde pasamos por los famosos cañones de Arizona y Utah, que es el estado con más parques nacionales de Estados Unidos. Nos paramos para ir al baño, nos pusimos a escalar uno de estos cañones pequeños y se nos fue el tiempo entretenidos con el paisaje y los conejos salvajes que asustados huían a nuestro paso. Aprovechamos para comer la merienda que llevábamos y renovados seguimos las cuatro horas que faltaban para llegar a Salt Lake City, ya conociendo muchas de las canciones que transmitían en las emisoras de radio.

Vivimos la Semana Santa intensamente: tratamos de ir a misa seguido, no sólo los domingos, y rezamos el rosario con frecuencia. Los niñitos analizaban la palabra de Dios diariamente, contentos hacían preguntas y se mostraban muy interesados en el camino mientras conversábamos sobre temas profundos y también sobre historias familiares. Queremos que recuerden de dónde vienen, porque pensamos que eso forja carácter.

Por su parte, mantener el ritmo del *homeschooling* cuando las estancias son cortas es complicado, sumado al cansancio propio de las movilizaciones. Organizar y llevar a cabo una sesión de tareas escolares cuando la maestra y los alumnos tienen ocho horas de camino encima es una labor titánica. Así que nos lo tomamos con calma, si estamos cansados igual la materia no va a entrar, así que cuando se da, se toma el día para hacerlo bien.

Como nuestra experiencia había sido de mucha calle, llamaba la atención los *homeless*, muchas personas necesitadas por distintas circunstancias, requiriendo de apoyo, asistencia, alguna colaboración o simplemente de alguien que voltee y escuche. Es paradójico ver cómo en estas ciudades tan imponentes se mezclan estas necesidades con derroche, lujo y muchos gastos. El *homeless* puede tener muchos perfiles y circunstancias, puedes llegar a ser tú, un amigo, un familiar, por eso no debes pasar de largo sin tender una mano, ayudar en todo lo que puedas. Pero, sin ánimos de juzgar las políticas de gobierno en cuanto a economía y salud de Estados Unidos, es un hecho, porque lo vimos con nuestros propios ojos en muchos lugares, que tiene muchas oportunidades de mejora.

El Viernes Santo compartimos algunas lecturas:

«El Señor expuso su vida a la muerte y fue contado entre los pecadores, él tomó el pecado de muchos e intercedió por los pecadores».

«Padre, a tus manos encomiendo mi espíritu, a ti, Señor, me acojo: no quede yo nunca defraudado; tú, que eres justo, ponme a salvo. A tus manos encomiendo mi espíritu: tú, el Dios leal, me librarás».

¡A esquiar!

La nieve fue de nuevo una divertida experiencia para estos niños tropicales. Bien abrigados, la disfrutaron muchísimo, desde guerras de bolas de nieve hasta deslizarse con una tabla por las colinas de nieve y el propio deporte del esquí.

Elegimos este destino de nieve porque dentro de Estados Unidos es uno de los más baratos y con mayor oferta de pistas para esquiar. José Enrique y yo habíamos esquiado con anterioridad, así que servimos de maestros, una vez más, de nuestros hijos. A Kike fue al que se le dio con más facilidad, Clemen muy cautelosa lo agarró con gracia y aplomo, y nos alegró mucho ver a Nacho esquiando ya con sus piernas en pleno funcionamiento.

El primer día nos lanzamos de la pista de entrenamiento. No había dinero para lcase sparticulares d eski, asi que una vez mas el homeschooling aplico para darles clases a nuestros hijos de como esquiar. Yo iba como podía en retroceso aguantnado a Nacho, enseñándole a hacer la cuña para frenar los esquies. José enrique se necargo de los dos grandes. A los tres días ya estábamos lanzándonos todos juntos por las pistas azules, de mediana experticia. Kike y su papa, al final de los 21 días que estuvimos en estas andanzas, se lanzaron por una pista negra, que es la de mayor dificultad, y que según mi óptica es una pared, pero bueno, ellos gozaron.

Nacho salía de la pista literalmente roncando del cansancio, llegábamos al carro, nos quitábamos las botas, al prender la calefacción se dormía, pero al día siguiente nos levantábamos temprano para aprovechar de bajar a la pista todas las veces que se podía.

Un truco para aprovechar al máximo esta experiencia es desayunar bien, después llevarse barras de granola y saltarse el almuerzo, para no bajar el ritmo del ejercicio, y después hacer un almuerzo-cena hacia las cinco de la tarde. A nosotros nos funcionó muy bien así. Tuvimos unos días con buena nieve y la visita de los primos que vinieron a compartir. Unos días para recordar y repetir pronto.

La Pascua la pasamos en Aztec, New México. Fuimos a misa en la iglesia de Saint Joseph, un pueblo muy pequeño donde se apreciaban detalles mexicanos en sus edificaciones, gracias a la proximidad con este país.

Nos movimos mucho en menos de 48 horas, recorrimos Utah, Colorado, New México y nos pusimo rumbo a Texas. Las distancias son muy largas y estábamos muy cansados.

En Houston hicimos algunas reflexiones:

El éxito es el resultado del crecimiento interno, se debe tener paciencia, madurez y humildad para manejarlo cuando este nos llega; en el proceso, antes, durante y después, no bajar los brazos, sin parar la oración y las acciones para alcanzar a Dios.

A veces queremos que las cosas sean fáciles y rápidas.

No darse por vencido para lograr alcanzar y sostener el éxito.

Cuando se materialice el éxito, mantenerlo con firmeza.

Abrirse y tratar de entender a Dios, escucharlo, con visión sobrenatural y esperanza en él.

Hacer crecer nuestra fe.

Buscar la cruz de nuestra vida, ahí trabaja Dios y ahí estará nuestro éxito.

* * *

A nuestra llegada a Texas, tuvimos la oportunidad de parar en el campo, en casa de unos muy buenos amigos, Gloria y Luis. La naturaleza nos recarga y nos renueva, eso nos hacía falta luego de tanta viajadera. Paseamos a caballo, montamos kayac, bicicleta y saltamos en la cama elástica. Clemen, Kike y Nacho estaban felices dándole de comer a los animales, vieron culebras, vacas, gatos, jugaron fútbol en la grama. En fin, la pasaron espectacular.

Estuvimos de visita unos días por Dallas Fort Worth, ciudad en crecimiento con un área metropolitana bastante grande, donde observamos progreso y expansión. Nos alegró mucho encontrarnos con buenos amigos venezolanos y saber que están contentos junto con sus familias y progresando; algunos tuvieron que comenzar desde cero después de tener una vida ya hecha en Venezuela, pero han ido reconstruyendo una nueva vida llenándola con su venezolanidad, lo cual nos llena de orgullo.

Guillermo y Lolita nos abrieron la puerta de su casa en Frisco por unos días, donde nos sentimos muy a gusto pues son extraordinarios anfitriones. Nos acostábamos en la madrugada conversando sobre cosas de nuestro país, recordando otros tiempos, reviviendo momentos felices.

De Dallas nos trasladamos a Houston, Texas, donde tuvimos igualmente la oportunidad de saludar y compartir con amigos y familiares. Afortunadamente todos bien, desarrollando sus vidas, en familia, por lo que nos dio mucho gusto verlos a todos.

Nuestros hijos la pasaron excelente, tan bien, que nos preguntan frecuentemente cuándo volvemos a Texas. Allí conocieron nuevos amigos y primos que anteriormente, por cuestiones de la vida, no conocían.

La diáspora venezolana ha aterrizado mucho por esos lados del mundo y estamos felices de haber podido acercarnos a saludar. A todos les deseamos que sigan los éxitos.

Houston es una muy buena ciudad para vivir, con un ambiente tranquilo, conservador, pujante y en crecimiento, con diversas zonas para vivir con un clima clemente, centros comerciales de primera y variados restaurantes. Los ingredientes perfectos para una vida familiar tranquila y felíz

Ya casi terminaba nuestra aventura, o por lo menos eso creíamos. Eran 10 meses de recorrido maravilloso, 20 países, 98 ciudades y contando.

Llegamos a New Jersey y Brooklyn para esquivar el ataque al bolsillo que representa quedarse a dormir en la isla de Manhattan. En la tan llamada Gran Manzana, las manzanas son más caras que fuera de ella, así que preferimos cuidar el presupuesto y nos quedamos a media hora de distancia en autobús. Era bonito entrar y salir de esa ciudad enfurecida, fascinante en tantos sentidos. Ver las luces de Manhattan en la noche debe ser un espectáculo digno de pago, pero no demos ideas.

Estando allí vivimos el cumpleaños de Nachito, el más chiquito de la manada. Lo celebramos en el parque de Brooklyn, hicimos un picnic con torta de chocolate y sánduches, montamos una carrucha que se movía a pedales y paseamos por todo el parque en ella, fue muy divertido. Seguidamente, echados en la grama viendo el cielo ya casi de verano, José Enrique nos preguntó a cada uno:

—Kike, ¿qué opinas de estos 10 meses de aventura?

—Lo que más me ha gustado es estar con mi familia, jugar fútbol cada vez que quiero, conocer lugares nuevos y no tener que ir al colegio.

—¿Y tú, Clementina?

—Que hemos aprendido muchas cosas, normas de la casa que antes no conocía (¿que no conocía o a qué no le ponía atención?) y que hemos visitado a muchas familias y amigos que tenemos por el mundo.

Nacho dijo:

—Me encanta probar comidas nuevas, soy feliz por compartir con los demás en este viaje y ayudar a las demás personas.

Y por mi parte:

—Primero que nada, extraño mi cama, pero esta ha sido una experiencia súper enriquecedora, no la cambiaría por nada en el mundo.

Sin duda este viaje nos unió mucho, fortaleciendo la familia, generando lazos de confianza. Tanta es la confianza, que la pantalla de mi iPad, desde donde escribo este libro, se le cayó a uno de los niñitos cuando se le dijo que no la tocara, y la estrelló contra las piedras en Beuzeville… Todavía me duele ese golpe.

En fin, realmente lo que importa es que estamos bendecidos por tantos momentos inolvidables y personas incondicionales que nos apoyaron durante este viaje, a quienes agradecemos enormemente. Por eso rezamos, agradecemos y seguimos pidiendo bendiciones, rezando el rosario todos los días, sí, todos.

Hay días en los que no nos provocaba salir, teníamos un mundo afuera por recorrer, pero nosotros estábamos muy cansados, entonces, no salíamos ese día. Se nos iba acumulando el desgaste del viaje y nos pasaba con frecuencia, pero lo maravilloso es que, como ya formaba parte de nuestro día a día, lo comprendíamos y conocíamos a nuestro ritmo.

Al día siguiente estábamos listos para recorrer el Central Park, y aquí algunos *tips* básicos para excursiones o paseos con niños:

1. Incluye el parque o áreas abiertas al aire libre en tu plan del día. Si vienes de un día de mucho caminar, en el parque te puedes relajar, correr, jugar y hacer un picnic, servirá de *break* necesario para continuar el día. Nuestros días en Manhattan siempre terminaban en el Central Park, ese submundo donde conviven miles de historias tan diferentes. Los artistas ambulantes, los *homeless*, las familias adineradas del Upper East Side, los deportistas corriendo de un lado al otro, los trabajadores estresados también corriendo de un lado al otro, y nosotros, los soñadores admirándolo todo.

2. Los planes deben ser adaptados a los niños, esto no quiere decir que los padres se privan de ir a algún museo que quieran, sino adaptar las visitas para que no sean tan largas y hacerlas divertidas. Yo, por ejemplo, como ya les conté, les digo a mis niños que elijan una obra de arte que les llame la atención, le tomamos foto a la obra y al autor, y

al llegar a la casa (o al día siguiente si llegamos muy tarde) les digo que lo pinten e investigamos en Google sobre el artista.

3. Siempre llevar agua y *snacks* a mano. Mis hijos siempre tienen hambre, todo el tiempo. Además, si anda con presupuesto ajustado como nosotros, con más razón.

* * *

Caminamos Manhattan de cabo a rabo: Broadway, Soho, Wall Street, la Quinta Avenida, recibimos misa en St. Patrick's Cathedral, por supuesto pasamos por el Rockefeller Center, y recorrimos todas las calles emblemáticas de una ciudad que parece no dormir y que me recuerda tanto a mi abuelo. Gracias a mi abuelo, la primera canción que recuerdo en mi vida es *New York, New York*, de Frank Sinatra. Cuando me iba a buscar al preescolar me la ponía en un *cassette* que ya estaba rayado de tantas veces que lo obligaba a volvérmelo a poner. Se convirtió sin querer en nuestra canción, años más tarde la cantábamos con frecuencia y a veces hasta la bailábamos. Entonces no puedo evitar verlo en cada esquina aunque nunca la visitamos juntos. Sentí que estaba con nosotros todo el tiempo.

Visitamos el Museo de Ciencias Naturales, el de la famosa película *Una noche en el Museo*, donde los animales disecados cobran vida en la noche. A los niñitos les llamaba la atención conocer el museo de la película. Después de las cinco de la tarde es de acceso gratis al público, lo que es buen dato para los bolsillos ajustados como el nuestro.

En total nos quedamos tres semanas en los alrededores de New York; algunos días íbamos a la isla de Manhattan entrando por la estación de Time Square y otros nos quedábamos con plan tranquilo por los lados de Brooklyn o New Jersey.

En New Jersey nos quedamos en un hotel nuevo muy bueno ubicado en una zona residencial, a unas cuatro manzanas de la parada de autobús que nos llevaba a Manhattan. Nos encantaba el camino porque podíamos ver las casas y adivinar cómo es vivir en ese lugar, aunque por ser colina arriba nos gustaba más el camino de regreso.

Luego, el día que nos cambiamos al apartamento que alquilamos en Brooklyn nos esperaba una jornada retadora, por eso salimos mentalizados para pasar trabajo, pensando que así, al final, no nos parecería tanto. Agarramos las maletas, el apuro y los quejidos y nos fuimos con un itinerario que incluía el autobús hasta Manhattan, dos cambios de Metro para llegar a Brooklyn y la caminata de unas tres manzanas más (maletas encima) hasta llegar al nido que nos albergaría por los próximos 10 días. Casi dos horas nos tomó hacer todo el trayecto y al llegar, como era de esperarse, estábamos molidos. Cuando me puse a organizar el contenido de las maletas nos dimos cuenta de que ¡habíamos dejado el bolso con las computadoras en el hotel de New Jersey! Kike, encargado del bolso, se distrajo antes de salir del hotel. José Enrique entró en cólera porque estábamos muy cansados, así que Kike y yo emprendimos de nuevo el viaje de ida y vuelta para rescatar el bolso. ¡Cuatro horas en total nos costó el despiste!

* * *

El 18 de mayo nos sorprendió una noticia de un carro que embistió a más de 20 personas en la plaza de Times Square, lugar donde caminábamos nosotros incansablemente durante nuestra visita a la ciudad. El saldo del ataque de este hombre desequilibrado hacia estos peatones fue de un muerto y 20 heridos. Otra señal de que Dios nos protege y que debemos dar gracias y tener siempre la maleta emocional preparada. Perdona, ama, repite.

* * *

Se acabaron los días en la Gran Manzana y nos dispusimos a alquilar nuestro sexto carro del año de viaje para bajar por la costa Este. Próxima parada: Brigantine, New Jersey.

Como saben, yo fui la encargada de realizar las reservaciones de traslados y alojamientos. Para un año completo de viaje es una logística complicada, sobre todo porque, para empezar, no hay aerolínea que reserve un vuelo para 365 días por adelantado, pues no tienen planificado los vuelos con tanta anticipación. Por otro lado, estaba nuestro temor a tener una estructura rígida de todo el año donde no pudiéramos hacer cambios si queríamos quedarnos más tiempo en algún lado o si en el camino decidíamos que había otra ciudad que no teníamos contemplada y nos animábamos a visitar. Esto nos dio un patrón de planificación de cuatro meses, entonces el viaje se planificó en tres bloques.

Para este último bloque de viaje, andando en los últimos días de mayo, yo planifiqué que después de un ventoso New York, pasaríamos unos días de playa para dar inicio oficial al verano. Al menos era mi fantasía. Como buena venezolana, nunca chequeé el estado del tiempo, porque en Caracas salimos de la casa con suéter y paraguas por si acaso, pero el clima es deliciosamente invariable todo el santo año. Además, con cuatro meses de antelación, los vientos alisios ni siquiera habían salido de su casa. El caso es que hubo una ola de frío. Son muy frecuentes los cambios bruscos de temperatura y de condiciones climáticas por esas latitudes. Así que la playa la vimos, la caminamos, pero ni de broma nos metimos. El viento levantaba la arena y hacía que fueran dardos punzo penetrantes en nuestras piernas. La experiencia no fue agradable, y ciertamente no como me la había imaginado. Eran cinco días de playa que convertimos en cinco días de descanso en una casita a 20 pasos del mar. Aprovechamos el sonido del mar, en la casa había juegos de mesa, revistas, televisión y camas cómodas. Así que fue reparador al fin y al cabo.

Siguiendo nuestro recorrido hacia el sur de la coste este, llegamos a Washington D.C. Una vez más tomamos la opción de alojarnos en la periferia, cosa que hasta los lugareños hacen por lo caro que es vivir en el centro de Washington, además de lo reducido del espacio. La mayoría lo que hace es vivir en ciudades dormitorio en los estados aledaños como Maryland o Virginia, y trabajan y hacen vida en el movido y vibrante hogar de la Casa Blanca. Así que conseguí un apartamento por Airbnb a media hora en carro de donde todo ocurre. El apartamentico estaba enclavado en un pueblo declarado Patrimonio Histórico llamado Occoquan, Virginia, donde las construcciones datan de principios del siglo XVIII. Estaba primorosamente cuidado y nos dedicamos a recorrerlo un día exclusivamente.

Washington superó nuestras expectativas. Es la ciudad que más museos tiene por pie cuadrado de América, y caminar por las inmediaciones de la Casa Blanca es imperdible. En un día recorrimos dos museos: el Air and Space Museum, súper recomendado para los niños, y la National Gallery, ambos de acceso gratuito.

En la ciudad el carro estorba, como es tan pequeña es mejor estacionar y caminar para ir conociendo todo a pie. Así que el mejor trato que conseguimos fue estacionar en un *parking* privado que tenía una tarifa plana para todo el día, porque si estacionas en la calle el parquímetro te deja los bolsillos vacíos.

Tuvimos la suerte de coincidir con el desfile del Memorial Day, porque en nuestra vida sin agenda no estábamos ni enterados de la fecha en el calendario. Un grupo de motorizados, algunos veteranos de guerra, tradicionalmente hacen un desfile para rendir homenaje a los caídos en la guerra. Aquel año especialmente lo dedicaron a los caídos en la guerra de Vietnam. Sexagenarios con barbas largas, forrados en cuero, en motos Harley Davidson, cientos de miles de ellos, kilómetros y kilómetros de patriotismo motorizado, ondeaban la bandera de Estados Unidos haciendo rugir sus motores. Fue todo un evento que disfrutamos y nos hizo sentir que estábamos en el corazón de la cultura americana.

Hicimos picnic en el National Mall, un camino verde que comunica el Capitolio con el Monumento a George Washington. Es posible hacer planes económicos y disfrutar de una visita bastante completa.

Estábamos fascinados caminando por Washington, porque el relieve es plano y es fácil de caminar sin cansarse demasiado, cuando vimos el reloj eran las 8:30 de la tarde, pero todavía estaba claro y se nos había ido la noción del tiempo. Nos dispusimos a caminar hacia el estacionamiento donde dejamos el carro y, ¡oh, sorpresa!, había cerrado a las 8:00 p.m. Tuvimos que dejar el carro preso allí y agarrar un taxi de vuelta a nuestro apartamento. Lo que habíamos ahorrado ese día lo teníamos que gastar ahora en taxi.

A la mañana siguiente rescatamos el carro y aprendimos que no podíamos darnos el lujo de estos desliz es mentales. ¿Por qué nos pasan estas cosas? ¿Esta nuestro sistema ya agotado de viajar? No, yo quería seguir y José Enrique también.

Los niñitos tenían los pelos largos, la mirada relajada y la actitud vagabunda y divina de la libertad absoluta. Teníamos mucho que aprender todavía, estábamos sedientos de más cosas nuevas, más aventuras, más sorpresas.

¡Vida, sorpréndenos!

* * *

Quedamos en encontrarnos con unos viejos amigos, Beatriz y su bella familia. Nos llevaron a un restaurante típico de la zona, de esos que cuando entras tienen fotos de celebridades por todas las paredes. Es el Chili Bowl más famoso de la región, se llama Ben's Chilli Bowl. El chilli es una comida fuerte, calórica, y hay que estar preparado porque también es un poco picante, que sirven sobre un perro caliente al grill divino. El lugar es popular y sencillo, nada de lujo, pero siempre esta *full* de gente, indicador de que la comida es buena.

Nos fuimos rumbo a North Carolina con ganas de volver pronto a Washington.

Llegamos a Greensboro, cuna de la revolución en pro de la igualdad de raza. Aquí tuvimos la oportunidad de hablar con los niñitos sobre la igualdad. Investigamos y les mostramos fotos y videos de cómo eran las cosas hace apenas 70 años. Parece mentira. Les mostramos un restaurante que quedaba enfrente de la casa donde nos quedamos, en el para aquella época las personas de color no se podían sentar.

—¿Por qué? –nos preguntaron sorprendidos.

—Bueno, porque eran considerados inferiores. Una atrocidad – les respondimos.

Fuimos a la biblioteca varias veces, leímos la historia de Marthin Lutter King Jr., precursor de la lucha en contra de este ataque a los derechos humanos y también les hablados de Rosa Parks, que además de ser de color era una mujer. También hablamos de la igualdad de género. Rosa fue una figura importante del movimiento por los derechos civiles en Estados Unidos, en especial por haberse negado a ceder el asiento a un blanco y moverse a la parte trasera del autobús en Montgomery, Alabama, el 1 de diciembre de 1955. Todavía en nuestros días vemos cómo los salarios de las mujeres son más bajos que los de los hombres, solo por el hecho de ser mujeres. Pero ese es tema de otro libro.

Por nuestra parte, nuestro valioso aporte como familia en este aspecto es criar seres humanos en igualdad de oportunidades. En nuestra familia todos opinamos, todos ayudamos por igual, no hay tareas de niñas y tareas de varones, todos somos capaces de hacer lo que nos propongamos. Valoramos las diferentes formas de expresarse de cada uno y las respetamos. Creemos en que formándolos de esta manera serán seres humanos tolerantes, humildes y respetuosos para con los demás. Creemos en el poder de la familia para corregir conceptos errados que se arrastran de generación en generación. Después de todo, los autores de estos conceptos errados fueron niños que crecieron en familias disfuncionales o peor, en ausencia de familia alguna. Se hace urgente a nuestro parecer poner la atención en la familia. Por eso estamos aquí y ahora, para nuestra familia.

En Greensboro estuvimos seis días. Visitamos el Museo de los Niños y un parque muy bonito llamado LeBauer Park, que tenía actividades diferentes cada día: cine al aire libre, música en vivo, clases de pintura, y las aprovechamos todas, era nuestra parada obligada diaria.

Nos preparamos para salir de Greensboro, pero antes, tomamos un rico desayuno en el cafecito de la esquina, el Many's Universal Café, regentado por sus propios dueños. Manuel y su mamá Margarita son salvadoreños y desde hace 10 años sirven desayuno a clientes fijos y nuevos, con un menú bastante variado y delicioso.

Mientras bajábamos por la costa este, pasamos por Raleigh, la capital del estado de Carolina del Norte, donde almorzamos arepas en casa de unos amigos venezolanos, Ana y Enrique. Después nos mostraron la ciudad, nos comimos un helado y agarramos fuerzas para seguir bajando hasta llegar a Savannah, Georgia. Ya estábamos en el mes de junio de 2017 y habíamos visitado 120 ciudades.

Savannah es una ciudad encantadora. Conserva la magia de sus casas victorianas, en un plano cuadriculado pequeño que roza con el río del mismo nombre, donde se pueden ver las embarcaciones a vapor que bordean su rivera. Allí, a la orilla del río, hay un paseo de comercios con los productos típicos de la región que recorrimos probando y degustando dulces de caramelo, toffe y nueces, muy recomendable. Simplemente caminar sus calles es un deleite para los ojos.

Savannah está muy cerca del mar, entonces aprovechamos, ya con temperaturas apropiadas que rozaban los 30 grados centígrados, de unos días de playa espectaculares. Fuimos a Hilton Head Island, que técnicamente está en South Carolina, pero a una hora en carro desde Savannnah, y a Tybee Island, esta última sí en la costa de Georgia. Ambas playas son muy buenas y acondicionadas con caminerías, servicios sanitarios y duchas para mayor comodidad.

Las pausas entre paseo y paseo eran cada vez más largas. Creo que era normal, estábamos cansados de agarrar el carro. Así que caminábamos y caminábamos, hasta que alguno de los niñitos se quejaba, que por fortuna era cada vez más lejos de la casa.

Descubrimos un *trolly* gratis que te pasea por los principales puntos de la ciudad. Fue una ayuda que aprovechamos para recorrerla sin necesidad del carro. Pero seguimos bajando y había que empacar otra vez para ir a Orlando, con cuatro horas de camino, poco para lo que estábamos acostumbrados, así que a por ello.

Ya en Florida fuimos a misa en la iglesia Holly Family de Windermere, Orlando. Muchas cosas para reflexionar que se conectaban con nuestro proceso dentro de la aventura que estaba por terminar:

«La renuncia implica vida, en la vida no se puede tener todo, se debe uno decidir por algo y jugárselo todo por ese algo, dispuestos a privarnos de otras cosas. La cruz es el precio del amor, aquello que te permite escalar por algo, por Jesús, trae carga, sacrificio, pero también alegrías y es lo que la vida te presenta...para nadie es fácil vivir, pero es ahí donde comprendemos, que nuestro caminar necesita del alivio y qué mejor alivio que Jesús, el que va a estar al lado tuyo para iluminarte y para avivarte.... Por eso hay que estar dispuesto a perder para ganar.... si te han derribado, levántate y lucha, Dios siempre está contigo» (Mateo 10, 37 al 42).

Y es verdad, nosotros nos privamos de comodidades, de una vida tranquila y segura, porque optamos por crecer como familia. Pero ese sacrificio se vio recompensado con creces al ver cómo fue creciendo nuestra fe y nuestra resiliencia.

* * *

Visitar Orlando sin ir a Disney era en nuestra vida anterior algo imposible. Ahora, simplemente entendíamos que no era posible por razones de presupuesto, y así se lo hicimos entender a los niñitos. Ellos lo entendieron y lo aceptaron alegremente además. Hasta que... dos días antes de irnos de Orlando recibimos la sorpresa de una maravillosa invitación a Disney.

Escribí un *email* a Disney, contándoles nuestra historia, y ellos respondieron a las dos semanas. Una vez más no lo podíamos creer, dudamos de nuestra fe.

«Que sí, que vamos a Disney», les gritaba brincando como niña de 5 años a los niñitos, porque José Enrique había salido a correr. Cuando llegó, le brinqué encima y él no entendía nada; no lo tumbé porque es muy grande. Me pareció un milagro, pero los milagros ocurren todos los días, como ya les he dicho. Solo hay que tener fe.

Así que al día siguiente nos levantamos tempranito para aprovechar al máximo de esta experiencia, ya que nos habían dado pases de cortesía estilo *park hopper*, con el que podíamos visitar los cuatro parques emblemáticos (Magic Kingdom, Epcot Center, Hollywood Studios y Animal Kingdom) a lo largo del día. Tú pensarás que visitar los parques así es como no conocer bien ninguno, pero nos fue espectacular con este sistema, logramos visitar las atracciones que más nos llamaban la atención de cada parque, y logramos ver tres de los cuatro parques. Ese día fue genial.

Lo primero que tienes que hacer para un *park hopper* es levantarte muy temprano, preparar merienda, ponchos por si llueve, protector solar y sombreros por el sol, y tener los mapas de los parques que bajas de internet, para ir viendo cuales atracciones visitar primero según tus intereses. Es decir, prepararte para la aventura, para que ningún imprevisto retrase la diversión.

Animal Kingdom

Una vez en el parque, debes dirigirte al *stand* donde puedes reservar las atracciones más solicitadas y ahorrarte el tiempo de cola. En general, el personal de Disney es muy amable y cordial. Krystal nos atendió de maravilla y gentilmente nos ayudó con la reserva de las atracciones. En el caso de nosotros, por ejemplo, nos ahorramos una cola de dos horas, reservando las experiencias más nuevas: Avatar Flight of Passage. Esta atracción es una experiencia de realidad virtual que realmente deja todos tus sentidos con ganas de más, por su calidad y magia. Todos quisiéramos repetirla varias veces más. Además de esta atracción, hay otra que es menos extrema: un barco que pasea por el *village* de Pandora (Navy River Journey), y puedes caminar por una réplica del valle de la película de ciencia ficción *Avatar* (Valley of Moara).

Otras atracciones en este parque que visitamos incluyen:

It's tough to be a bug, una experiencia 4D súper divertida donde aprendemos un poco sobre la vida de los insectos.

El musical de *Finding Nemo* que es una belleza, con alrededor de 30 personajes en escena, un despliegue de luz y color muy llamativo para los niños, donde se cuenta la historia de la famosa película de dibujos animados.

Dinoland es una feria de juegos mecánicos ambientada en el mundo jurásico. Aquí los más pequeños pueden subirse a unos *dinos* voladores, hacer tiro al banco para ganarse un *dino* de peluche, o montarse en un laberinto con puentes y túneles para desatar su espíritu aventurero (por cierto el peluche que acompañó a Nacho durante todo el viaje se llama Dino, porque le encantan los dinosaurios).

Otro parque que visitamos fue Asia, un subparque dentro de Animal Kingdom, donde puedes aprender sobre la flora y la fauna de este continente. También está África, otro subparque con un safari de lujo.

Epcot Center

Llegamos alrededor de las dos de la tarde a Epcot Center. Lo bueno es que en verano los días son largos, entonces lo dividimos en tres para visitar los tres parques.

Este parque no lo conocían nuestros niños. Realmente nuestra opinión es que es un parque para niños mayores de 5 años, porque el World Showcase, por tratarse de entender los países, sus culturas, comidas y costumbres, puede resultar tedioso para niños pequeños. Yo siento que nuestros hijos de 7, 8 y 11 años disfrutaron y, sobretodo, estaban en capacidad de entender y apreciar esta exposición mundial.

La famosa pelota blanca, símbolo de Epcot, es una atracción que consiste en un carrito que te va llevando por la evolución de las comunicaciones, desde las primeras expresiones de escritura sobre paredes prehistóricas hasta la era del internet de nuestros días.

La atracción más nueva y solicitada es Frozen Ever After (relacionada con la película animada sobre las princesas Anna y Elsa), ubicada en el pabellón de Noruega. (Asegúrense de reservar sus *fastpass* para evitar las largas colas).

Epcot está inspirado en el espíritu y la visión innovadora de Walt Disney. *Thank you so much, Walt!*

Magic Kingdom

Llegamos a este parque a las 6 p.m. y todavía nos quedaban cuatro horas para disfrutarlo. Lo primero que hicimos fue tomar el tren que bordea el parque para descansar las piernas, que para esta hora ya estaban bastante cansadas. Nos bajamos en Fantasyland, para mí la parte más mágica de Magic Kingdom. Aquí comenzamos por la atracción de The Little Mermaid, el tren de la mina de los siete enanitos de Blanca Nieves, el tradicional Pequeño Mundo y, sobre todo, más allá de cualquier atracción está el castillo. Ese mágico castillo que deja boquiabierto al que lo admira.

En la noche tuvimos la suerte de disfrutar del *show* de luces y fuegos artificiales alrededor del castillo. El espectáculo se llama Happily Ever After y va repasando las películas de Disney con sus bandas sonoras, con luces y fuegos artificiales que van dando los matices y acentuando los momentos, ¡para hacer brotar tus lágrimas de emoción! El parque se queda callado y oscuro, a las 9 de la noche, el castillo se ilumina de mil colores, se proyectan fragmentos de las películas más emblemáticas, como *La Sirenita*, *Valiente*, *Moana*, *Peter Pan*, y muchas más… y los fuegos artificiales van dándole emoción y luz a toda la experiencia, ¡es realmente mágico!

Para comer nos llevamos merienda desde la casa: unos perros calientes, galletas dulces, frutas, galletas saladas y agua.

Regresamos felizmente cansados y convencidos de que sí se puede soñar y cumplir los sueños. ¡Confirmado!

XVII Final del viaje, principio de una nueva Vida

Julio 2017

Yo no veía la hora de llegar, quería soltar todo el equipaje de una buena vez, estaba oficialmente harta de las maletas. Y a la vez sentía incertidumbre porque la aventura estaba a punto de acabar y no sabía si iba a sentir alivio o desesperación al estar por más de un mes en un mismo sitio.

Las maletas. Las maletas estaban destruidas, rotas, remendadas, con carácter, con historias. Arrastradas por calles empedradas, por escaleras, por alfombras más suaves y clementes, pero ellas dignamente conteniendo las miserias de esta familia. Las usé y las usé y después las desprecié, qué ingrata soy.

José Enrique estaba muy afectado de la espalda por la cantidad de horas de viaje acumuladas más las múltiples cargadas de maletas.

Los niñitos, por su parte, en su mundo, querían llegar a Miami urgentemente a ver a los primos.

Nuestros cuerpos tenían un mundo recorrido, estábamos agotados, teníamos el alma llena, los bolsillos vacíos, la maleta emocional lista y ya necesitábamos un poco de sedentarismo, orden y estructura en nuestra cotidianidad.

La fecha de retorno a Venezuela se fue alargando y esto hizo más agónico el tan esperado regreso. Para aquel momento, en Venezuela estaban sucediendo hechos violentos en protestas multitudinarias que se llevaban a cabo diariamente. El pueblo pedía cambio, que el gobierno depusiera sus objetivos y se fuera. Muchos jóvenes habían muerto en la lucha. Qué ilusos fuimos al pensar que un régimen como el que está gobernando en Venezuela se acaba con protestas pacíficas de banderas y pitos. No pasó nada y la cúpula de gobierno se atornilló en el poder sin fecha próxima de expiración. La gente salía (y sigue saliendo) del país hacia destinos inciertos, solo quieren comer mejor, y que lo que ganen en el trabajo pague su comida, nada más. Fueron momentos de debatirnos entre volver o esperar. Decidimos esperar. Nuestra ecuación y proyecto de vida no encajaron con el estilo de gobierno imperante y decidimos retrasar el vuelo a una fecha próxima pero indeterminada. Las razones abundaban para ir y para no ir, así que fue muy difícil tomar la decisión de no regresar por el momento.

Enseguida empezaron a pasar por nuestra mente diapositivas de Caracas, aquellos días brillantes que siempre la visten, el olor de la casa, nuestra cama, el ruido de los carros en el boulevard. ¿Cómo se hace para importar un olor? Imposible, invaluable. Nunca olvidaremos los nacimientos de nuestros tres hijos y el día que regresamos a la casa desde la clínica, la paz y la felicidad que sentimos en aquel nido todos juntos y con la cría, las orquídeas en flor, la casa estaba fértil. Son momentos que están tatuados en nuestra mente y no volverán, así como la Venezuela de esos días.

Nos sorprendimos contrastando nuestra realidad de antes con la de ahora. Comenzamos a darnos cuenta de que crecimos en una Venezuela próspera, donde de una tuerca salía un árbol. Cuando se nos dan tan fácil las cosas no las valoramos. He llegado a pensar que toda esta situación que nos ha tocado vivir hoy en día en Venezuela nos la merecemos, por vivos, por poco previsivos, por «viva la pepa». Ahora nos comemos un cable y aprendemos a los trancazos lo valioso que es tener a la familia de uno físicamente al lado.

También era una realidad que ya no éramos los mismos. Nuestra transformación con este viaje nos ha llevado a tomar nuevos rumbos. Gracias a esta experiencia hemos crecido como familia e individualmente. Ahora somos ciudadanos del mundo, capaces de considerar el ámbito global mucho más allá de la zona de confort, sin negar las raíces propias que definen nuestra identidad. Tenemos conciencia ciudadana y capacidad para el análisis crítico de la realidad. En este sentido, nos consideramos personas más cultas e informadas de los problemas sociales del momento. Somos personas con carácter proactivo, con iniciativa propia y actitud creativa. Creemos que disponemos de la autonomía para gestionar problemas o situaciones adversas con resiliencia.

Nos hemos vuelto adictos a viajar, pero más que por una cuestión de acumulación numérica (de países visitados) y experiencias, por conocer, mezclarnos y disfrutar de otras realidades y personas. El gusto por los viajes no define por sí mismo a un ciudadano del mundo. Es la capacidad para comunicarse y socializarse ya no solo con personas que hablan otros idiomas sino para compartir experiencias, saberes, ideas, que es más importante.

Este mundo que compartimos es bellísimo, lleno de personas, de mares, de montañas, parece muy grande, pero cuando lo recorremos nos damos cuenta de que es un campo abierto con miles de posibilidades para crecer y está esperando que lo recorramos, ¿qué estamos esperando? Vamos a la universidad de la vida.

El otro día, en una reunión, estábamos hablando de una trivialidad y alguien me dijo que tal tema de conversación me debe parecer superficial luego de haber conocido tanto. Al contrario, valoro cada conversación, porque ahora sé que cada ser humano cuenta, que todos somos iguales y aunque podemos tener diferentes puntos de vista, nos mueven las mismas emociones y estamos en este mundo para aprender de unos y enseñar a otros, para alcanzar la felicidad.

Ha sido un poco difícil que los demás entiendan nuestra nueva forma de vivir. También nos hemos visto reacios a volver a la rutina y nuestra dinámica familiar es muy peculiar, tenemos nuestros tiempos y horarios, pero nos gusta este cambio y no pretendemos que nos entiendan pero sí que nos respeten, porque cada quien tiene su forma de vivir su vida.

Ahora nos queda empezar de nuevo en otro sitio, buscando visa para una nueva aventura y con un pasaporte lleno de sellos. Sin duda este año de vivencias nos preparó para este momento de cambios. Y lo más importante que nos dejó fue que ahora sabemos que nuestro hogar está dentro de nosotros, donde quiera que diga el GPS que eso sea.

El hogar está donde estén tus sueños

Nunca dejes tus sueños en segundo plano por carreras diarias. Por nuestra parte continuaremos procesando todo lo aprendido durante este año donde cometimos las locuras más acertadas y nos probamos que es posible vivir de un sueño.

¿Y tú? ¿Ya tienes tu maleta preparada?

Printed in Poland
by Amazon Fulfillment
Poland Sp. z o.o., Wrocław